ベストスクール

アメリカの教育は、いま

山本由美

花伝社

ベストスクール——アメリカの教育は、いま◆目次

イラスト——山口俊介

1 ボストンに到着して二週間

夫が一年半の予定でハーバード大学の客員研究員というものになったために、私は五歳の娘とともにボストン郊外の町アーリントンに住むことになりました。なんて言うと優雅な生活が始まったみたいですが、現実はひどい。仕事を休ませてもらうために数カ月前から過密になった日程で必死に働き、最後の一〇日は引越しの準備で睡眠数時間の日々が続いたところでへろへろになって最後まで間に合わず夜逃げ同然にやってきたため、なんの心構えもなく、気持ちがうまく切り替わりません。

さっそく所属する研究室へ通って、ルンルンしているのは夫だけ（また夫の研究室は一歩足を踏み入れただけで「ここがほんとにハーバード」というくらい、まったくスノッブでない、「人権活動家」系の、彼に違和感のないようなところだったので）。保育園の、乳児期からの濃密な友人関係を失った娘とともに、私もしっかりと暗くなってしまいました。でもそんな中での二週間、印象的だったこともありました。

古い家に住む

借りた家が九月からの契約のため、到着後一週間は大学のゲストハウスとホテル暮らしでした。「ハーバードのゲストハウス」というからには東大の山上会館のような学内にあるホテル形式の大きな建物をイメージしていた私たちを、タクシーの運転手が番地を確認しながら連れていったのは、傾いたような普通の住宅の前でした。「ほんとにここが」と危ぶみながら入っていった夫が「やっぱりここだよー」と、どう見ても八〇代以上の、縞のワイシャツを着たおじいちゃんと一緒に出てきたのがそのゲストハウス、「トールコテージ」でした。といっても普通の家の二、三階におじいちゃん一家（二匹の犬と猫以外にも誰かがいたらしいのですが確認できませんでした）が住み、一階の、日本風に言えば二ＬＤＫをゲストハウスとして大学に貸しているのでした。

そのおじいちゃんは元外交官ということで、後で聞いたら冷戦下のワルシャワやフランコ政権下のスペインに赴任していたという実はハードな経歴の持ち主だったのですが、話しかけてくれたり結構気を使ってくれました。そしてその「コテージ」は何と一五〇年前の建物に、建築家になった彼の息子さんがモダンな内装を設計したものだそうです。ここハーバード大学があるケンブリッジの辺は当時アイルランド人の労働者たちの住宅地だったそうで、そういえば周りも似た感じの、土台は石造り、上は木造の建物ばかりなのです。とにかくどの家も古い。チャカチャカした新築の建物がないのです。

古い大学のそばなので美観地域として行政が何か規制をしているのか、といった意味のつもりの質問をしたところ、「そんなものはないが家にはそれぞれ歴史があるからそれを大切にしている」といったような返事が返ってきたようです。

しかし、そのあと、私たちが住むようになった家もそれに年数では負けるものの、よく言えば「アンティック」なお家だったのです。

ドライヤー夫妻と新居

さて、数日後、すでに夫が契約済みの新居へ、不動産屋、兼大家さんのドライヤー氏――これまた推定八〇代――が、杖を突きながら現れ車をゆっくり運転して連れていってくれたのです。第一印象ですが、曇り空の下、古い巨大な同じようなスタイルの木造住宅が木立の中にずらーっと並んでいる通りは、家の亡霊が立ち並んでいるような感じでした。都内で特別狭い家に慣れすぎていたのでそう感じただけかも。またスティーブン・キングの恐怖小説の読み過ぎだったかも。見慣れれば「なんて美しいアメリカの家並み」という気もするのですが。

ちなみに後で聞いたら、ここいらはあくまで中流の中から中の下の住宅街だそうで、私から見たら巨大に見えた四～六ベッドルームの家も土地付きで三〇〇〇万円くらいだそうです。

われわれの住む家は、一九四二年復員兵の住宅として建てられたという白い二家族用住宅で、二階と屋根裏部屋がわれわれの住居です。ちなみに一階の住人は若いアメリカ人夫婦です。

その家は、住居部分だけで一三〇平方メートルの広さで遊びの空間が多く、がらーんとした感じで、また台所の壁から飛び出す作り付けのアイロン台など、スタイルはまさに四〇年代風なのだそうです。

その後現れた、実質的大家であるドライヤー婦人が自慢げに説明してくれました。彼女は、その夫と同年配、推定八〇代であるにもかかわらず（呼吸困難に陥らないように酸素ボンベを携帯しながら仕事しているそうです）、周囲に力強いエネルギーを発散している、まさにアメリカを真の意味で支えてきたのはこういう人たちなんだろうなあ、と思わせる人でした。私が「自動車免許がないので取りたいのですがー」とたどたどしく言うと、すぐその場でドライビングスクールに電話し、その夕方からの講習を見つけてくれるような行動力にあふれていました。

さらに、彼女は、買ったベッド以外家具が何もない（日本から何も持ってきていない）われわれを見かねて、夫と従業員を自分の店の地下室に連れて行き、かつて貸家に備えていて今は使っていない古い家具やテレビなんかも「これも持ってきな、あれも持ってきな」と運ばせ貸し与えてくれたのです。おかげでわが家はよく言えば「アンティック」家具、客観的には「やや壊れた古道具」にうまり、ますます四〇年代風になりました。ちなみに彼女に「なぜ古い同じようなスタイルの家ばかり？　行政がルールを作っているから?」と聞いたところ「同じ規格の家をつくるのは安上がりだからさ」という返事でした。

本当に、近所の不動産の広告を見ても、一九〇〇年築なんてざらです。木造でも家ってこんな丈夫なものなんだ、修理すればいくらでも利用できるんだ（これは家具についても言えますが）っていうのは新鮮な驚きでした。

もっともこちらに駐在等で来ている日本人の多くは日本の不動産業者が一手に紹介する近代的な集合住宅などに住んでいるようです。また日本人同士で、家具などすべてつけたまま次々と引き継いでいくことが多いようなので、うちのような妙な感動を覚えることは少ないかもしれません。

公共材はボロでもいい

ここでは、家は個々の家族が建てる「私的」なもの、家それ自体の価値は低く土地に価値がある、という日本的な感覚は薄く、どちらかといえば家の建物それ自体に「公共材」としての性格が強いようです。ただし、それはあくまでややヨーロッパに感じが近いボストン近辺の話で、アメリカでも西海岸のほうに行けばチャカチャカした家があると、夫の研究所の教授は言っていたとか。

でも「公共材」といえば、最初に歩いた大学のそばの歩道のレンガがぼこぼこだったのも、日本なら昭和三〇年代風の丸太の傾いたような電信柱が道端に続いているのも、そしてメインストリートのアスファルトがつぎはぎだらけなのも、新鮮でした。特に今年一〇〇周年を迎えるという地下鉄は、駅はコンクリート剥き出しで冷房もなく、線路周りも最低限のものしかないのですが、利用しやすいのです。外国の地下鉄はどこも汚いようで、ボストンのもそれに違わず汚なめですが、ラインの接続はシンプルでわかりやすいし何だか特に乗りやすいような気がしました。

もっとも夜はこのラインに近づくな、という危険地帯にはまだ行っていないのでわからないけれど。

日本て公共施設がピカピカなのが多いじゃないですか。「都庁ピカピカー」なんてコピーがありましたが、私が住んでいた区の区庁舎も誰も必要ないと思うくらい豪華でした。そして区の行政と土建業者が結託しているという話でした。身近なところでも、住んでいた賃貸住宅では、地域の土建業者と一体となった不動産業者が金儲けにはモラル無しといった感じでやりたいほうだいやっていました。ようするに「土建屋の強い町」でした。もっとも日本ではどこでもそうだと思いますが。でもこういった類の公共施設って思いっきりぼろぼろでも利用できれば別に構わないんだなあ、と納得してしまいました。みんなの税金で作るものなら、使い切るまで、誰もがもう寿命かなと納得するまで利用したほうがきっと精神的にいいし、道理にかなっていますよね。日本は、家もそうですが、必要ないのにこわしては作り直すことで、あるいはいいかげんなものをつくることで、土建業者が異常に増殖し発展してきた国なんだなあ、と今さらながらつくづく感じたのでした。

なのに消費生活はリッチすぎる

でも何となく、「そういえば某著名教授もボストンコモン（市内の大きな公園の名称）を訪れた時、これこそ公共性（コモン）だ、と言ったという話だったなあ……」とか感慨を抱きながら、夕

飯の買い物をするために巨大スーパーに入ると、思い切り豊かな商品に目がくらくらするとともに「何これ」と思わず矛盾を感じてしまいました。少なくとも、食料品とかあるいは日常雑貨やある種の電化製品とかに限って言えば、やたらと種類があって、安くて、そして食品に限って言えば基本的な素材はおいしくて（それを人々がおいしく料理しているかどうかは別として）、それなのに一方で添加物てんこ盛りみたいなものがあふれかえっています。ただ本当の贅沢品、がまんしてもほしいものってあまりないみたい。

私は日本にいるときは一時は「生協おたく」になるほど生協を愛用し、添加物無し食品や、何よりもスーパーで売っているものよりはるかにおいしい素材に結構満足していました。でもこちらの巨大スーパーで売っていた、三ドルくらいで山盛りの袋詰めベーコン、それもたくさんの種類の中から適当に選んだ一つは、おいしいと思っていた日本の生協の高くてすぐ腐るベーコンとは「似て非なるもの」でした。こっちのほうがたぶん本当のベーコンの味がして、つまり比較すれば信じられないほどおいしくて、でもなかなか悪くならないのです。不思議。五歳の娘も、いろいろな基本的な食材の味を「こっちがほんものの味がする」といいます。

ここは「豊か」な国なんだ、と誰もが思うことをこういう時に感じるのですが、それにしてもそういう面での消費生活に節操がないように感じるのは私だけでしょうか。日本で細々と「添加物や遺伝子組替え無し食品」、とか「生産者との直結、農家との交流」とかやっていることがふっとんでしまうほどのこの商品の「豊かさ」が、その背後におそらくいる、信じられないような大企業の存在やその意図を見えにくくしているのではないでしょうか。これだけ表面的に「豊か」だと、そんな大企業、そう、きっとあの「独占資本」というものが、どこかよその貧しい国や人々の富を収奪している——たとえば超安い雑貨なんてメードインチャイナばっかり——なんてイメージしづらいだろうなあ、と思うのは最初だけかなあ。

それにしても住宅や公共材やドライヤーさんに感じた清清しいイメージと、この大量消費、そして、たとえば郊外の超巨大ショッピング街の安くてどうでもよいような品があふれかえっている中で、分厚い新聞折り込み広告を手に買い物をする人々の退廃感にみちた「煽られた欲望」といったイメージは矛盾するのですが——。果たして今後暮らしていく中で説明できるのでしょうか。

2 学校が始まった

「日本人がいないなんてママのうそつき」

これがアメリカでの学校生活での娘の第一声でした。

二日目の朝は、教室のドアが開いたとたん「帰る」と暴れて泣き出し、太った補佐の女の先生にがっしりと手をつかまれて連れて行かれてしまいました。

ここボストン郊外の町アーリントンの公立小学校トンプソンスクールにあるキンダーガーテン（入学時四～五歳のクラスですが内容的には文字や数字などが始まるので小学校とあまりかわりません）の三クラスには日本人の姿がありません。ボストン近辺には日本人が多いと聞き、またこの学校にもいるという話を聞いていたのに……。親の私たちにもちょっとショックでした。たしかに不況で日本企業が撤退しているとか、企業派遣の留学が激減しているという話はよく聞くし、こちらで知り合った日本人お母さんグループのメンバーにもハーバードの病院関係に留学している医者の家がやけに目立ち、企業や省庁関係の人にはほとんど会うことがないのです。はたして娘がこれから適応して行けるのか不安にかられ、その日は夫と二人でおろおろしながら待っていました。

インターネットでの学校選び

そもそもこの学校を選ぶにあたっては、私たち――というかほとんど夫――はかなり検討を重ねてきました。家族で渡米する数カ月前から彼はインターネットで情報を集め、居住したい自治体と学校を選んできたのでした。ボストンがあるマサチューセッツ州の教育庁のホームページに日本からアクセスすると、なんと州内のすべての公立学校の平均点（近年導入された統一テストMassachusetts Comprehensive Assessment System　略してＭＣＡＳの平均点。賛否両論あるテストです）と、生徒の人種構成、すなわち有色人種の割合と、親の所得平均がわかってしまうのです。

最初、車の免許のないわが家はハーバード大学に歩いて行ける所がいいのではないかなどと、大学のあるケンブリッジ市の情報を調べたのです。しかしその結果、そこの学校の平均点はかなり低く、日本人が多く住むという近郊の町、アーリントンやレキシントンに遠く及ばないということ、しかし市中で三つの学校だけはなんとか近郊都市と同レベルの成績を挙げていること、さらにおしなべて有色人種が半数を占め、親の所得は低い、ということがわかったのでした。ようするに、白人の住宅地中心の郊外に対し、都市部には学生だけでなく移民も多く、階層の低い地域があるのです。やはりアメリカですから、親としてはいくらなんでも危険を感じるような地域の学校には子どもを行かせたくないと思うわけです。そこで、ケンブリッジ市は一応学校選択制度を導入しているので、少数人種であるアジア人は有利に行きたい学校を選べるかも、と考えた彼は、なんとか成績を保っている三つの学校のどれかに入れないか、とケンブリッジ市の教育委員会に国際電話をかけたのでした。

しかし「あなたの希望する学校はすでに満員なので、お子さんはウエイティングリストに登録されることになる。ただし、こちらに来なければリストにも載らないし情報も提供できない」と冷たい返事に思わず電話をたたき切ったそうです。これは九月の入学の三カ月前のことです。

結局、学校選択制度があるといっても、人気校の定員が極端に限られていれば、単なる「選別」としてしか機能しないのはどこでも当たり前のことといえるのでしょう。といいながら、日頃わが国の「学校自由化」について批判的でいながら、わが子のこととなるとしっかり実質「学校選択」しちゃっている私たちもそうとうひどいと思うのですが……。

結局、夫が事前に渡米して、自治体として、学校選択制度を導入しておらず、公立学校の評判がよく、階層的には「中の中か中の下」であまり高すぎないアーリントンに幸運にも良い住宅の物件をみつけたので、ここに住むことになったわけです。後日、夫は指導を受けるマーサ・ミノウ教授に「自分は学校選択には反対だけど、結局学校情報を調べて自治体を選んでしまって罪悪感を感じている」と言ったところ、彼女も学校選択制度には反対と言っていたとか。彼女はアメリカの研究者ではめずらしく、「強いものが勝つ」自由に反対してきた人なのだそうです。

自治体によって異なる学校

それにしてもアメリカは地方自治が徹底しているとは知っていましたが、これほどまでに自治体によって学校のようすが異なるとは住んでみるまでわかりませんでした。ボストンと一言で言ってもボストン市自体はかなり面積が小さく、その周辺の多くの自治体で「グレートボストン」という一つのエリアが構成されているのですが、それぞれの小さな自治体で、学校選択制度の有無はもちろんのこと、キンダーガーテン一つとってみても終了時間もシステムもかなり違うものです。

日本人がうじゃうじゃいる、といううわさの高級住宅街ブルックラインでは、英語が苦手な日本人の子どもはすべて、三人の日本人教師が勤務する某小学校に集められているとか、やはり高級住宅街で以前「雅子様」が住んでいたベルモントではキンダーガーテンは給食無しの一一時五五分で終わってしまうとか、あるいはやや低い階層のサマビルでは週三日しか授業がない（これはだいぶ以前の話らしいですが）とか、日本人の母親同士の情報交換からもいろいろのことが明らかになります。そしてさすがにサマビルに住んでいる子連れの日本人というのは不動産屋も聞いたことがないということです。

また教育行政の分野でも、教育委員に関して、わがアーリントン町やケンブリッジ市は委員が公選で選ばれるのですが、ボストン市は選挙をやめてしまったとか。ある日曜日、ケンブリッジの大スーパーの角の路上で、色とりどりのプラカードを持ったたくさんの大人や子ども。大統領選挙の前哨戦か何か、と思ったら教育委員選挙の選挙運動だったのでびっくりしました。渡されたカードには日本の区議選にでも出そうな住民運動大好きタイプのおばさんの写真と略歴が印刷されていました。

そんな中で、「選択」のたまものか、アーリントン町のキンダーガーテンでよかったと思う点がいくつかあります。まず、終了時間が遅いこと、通常の授業が二時一五分まであるところは、近隣の自治体では見当たりません。そのおかげでどれだけ母親が助かることか。私もおかげで自分の学校へ通えます。もちろんフルタイムで働く母親のためには有料で夕方までのプログラムがあります。ただ、日本の手厚い保育に親しんだ身からは、延長の時間は、やや料金が高いわりに質は高くない印象を受けました。

それから給食システムがきちんとしていること。これは、選択制なのですが、うちのキンダーガーテンのクラスでは半分くらいの子どもが給食だということで、メニューの決まったカフェテリア方式の学食で食べます。これも母親にとってとても助かります。

さらにＥＳＬ（English as Seconds Language の略、外国人生徒向けの英語補習クラス）がすべての学校にあるということ、これは隣りのケンブリッジ市には三つの小学校にしかないということです。ただ、うちの場合、申し込んだのに、一カ月たっても音沙汰がなくていつ始まるのかなあ、と首を長くして待っているのですが……。でもこれだけ差があると、「選択」でもしなければどうしようもないという気になってしまうのです。

パキスタンのお友達のおかげで通学

そんなこんなで娘が登校を渋った二日目、心配しながら二時一五分のお迎えタイムに学校に行くと、予想に反して娘がうれしそうに出てきました。

「お友達できた。パキスタンの子」と。

連絡帳には「ほなみはストロングだ。今日はサークルゲームに参加したし、お友達をつくりました」

とニコニコマークのサインとともに担任のデボラ先生の文字がありました。ちなみに、彼女は若くて美人でいつもおしゃれをしている先生です。体育や音楽は別の専科の先生が教えるので彼女がジャージに着替えるなんてことはないのです。

一六人のクラスでただ二人の外国人である娘とパキスタンから来た片こと英語をしゃべれるフィンはさっそく仲良くなったのだそうです。ちなみに他にアジア系アメリカ人が一人、黒人系が二人、残りは白人というのがクラスの人種構成です。アーリントンでもさらに郊外の学校になるごとに白人の率が高くなって行くようです。

フィンはラフな格好の子どもが多い中、いつもドレッシーにしている、目のくりっとした女の子です。その日から、どのようにコミュニケーションしているかは不明なのですが二人はとても密着して学校で過ごしているらしく、学校は彼女にとって楽しい場所になったようでした。さらに、大好きなチーズピザやチョコレートミルクが選べる給食と、言葉ができなくても活躍できる体育の授業――特になわとびは日本でやっていたのでみんなにいばれるようで――のおかげで、学校生活はなんとかスムーズに始まっていきました。

毎週の教育内容はフライディ・フラッシュという学級新聞で親に知らされますが、最初の週からいきなり名前のアルファベットや数字が始まったのにはやや驚いたものの、宝物を持って来てみんなに紹介できる「今週のスター」とか、ぬいぐるみのくまを交代で家につれて行き「ミルトンの冒険」日記を交換日記風に書いていく「クラスペット」とか、親しみを持てる、他の学校にあまりない工夫があって、結構気に入っています。ただ本格的な親と学校とのかかわりはまだこれからというところで、また地域のコミュニティとのかかわりについてもこれから体験していくことになるのですが……。

普通の表情で普通に育っている子ども

これは私が住んでいる地域で貧困が非常に見えにくい、あるいは今アメリカは景気が良い、ということによるところが大きいと思うのですが、この辺で見る子どもたちはたいてい普通の表情で普通に育っているように見えます。少なくとも子ども・若者がだれも携帯電話を持っていないし(私はケータイは子どもの人格形成に害悪を及ぼすと思いこんでいるので)、さらに街の中に受験産業が見当たらない、この二つがないことだけで「気持ちいい」上に、強いストレスを感じているような外見の子どもをみることがあまりありません（日本の夜のホームで塾のバックをさげた小学校低学年男子に時たま見るような)。そしてたぶん「援助交際」なんてないんだろうなあ。

ここで普通に人格形成していって普通に地元の大学に入ってくれたら子育ては楽だろうなあ、なんてふと思ったりします。それは望むべくもないことなのですが。

ただ私に見えるのは社会のほんの上澄みだけでそこには別の暗い側面があるんだろうなあ、という予感はする今日この頃です。

3 お友達ができました

英語のクラスで

留学した夫とともに家族でボストン近郊の町へやってきて、とにかく初めにしたのは、語学を学ぶクラスに入ることでした。私の場合、人間関係を作りたくとも、専門の講義を聴講したくとも、先立つものは英語……と強く感じたのです。

そこでまず選んだのが、夫の留学先のハーバード大学が行なっている、外国からの客員スタッフの配偶者向けのＥＳＬ（English as Second Language）クラスと、ハーバード・エクステンションスクールという、社会人向けあるいは補習のための学部の英語のクラスでした。両方とも入学前に、クラス分けをするためのヒアリングと筆記のテストがあり、前者は一学期（約四カ月）に一五〇ドル、後者は五五〇ドルの授業料を支払いました。ところが入ってみてそのあまりの違いにびっくり。

要するに前者は留学した研究者の妻たちの精神的ケアの場というか趣味のお教室で、後者は本当にお勉強しなければならないところだったのでした。夫は四〇〇ドルの違いだと言います。

もしボストン近辺に引っ越すことになり英語力を高めたいという方がいたら、ハーバード・エクステンションスクールはお奨めです。私はA～EまであるレベルのうちCのクラスですが、約一五人の生徒のうち一〇人は、中南米、旧東側諸国、アフリカなどの実にさまざまな国からハーバードのMBA（経済学修士）をとるなどの目的のために渡米してがんばっている若者なのです。

三人いる男性はみな中南米出身です。彼らはレストランで働いたりしながら勉強していてハングリーで、いつか一旗あげてやるぞ、という感じがします。それに比べて韓国からの女性二人は、英語力といい人格といい容姿といい、これこそ本当の上流階級、といった感じの留学生の妻たちです。そして残り三人の日本人はどうでもいいような感じ……それは私だけですが、とにかくクラスで私以外みんな英語がしゃべれてヒアリングができるのです。他に落ちこぼれていたタイの男の子はすぐにやめてしまいました。私は五五〇ドルの授業料があまりにもったいなくずるずると続けてきたものの、講義のあと先生と相談していて泣き出してしまったことは一度、授業中涙をこらえたことは何回もありました。とにかくいきなり小グループでディスカッションして意見をまとめろといわれても参加できないのです。また内容が高度（私にとっては）なのもそうですが、これだけ宿題が多いのもちょっとないと思います。もっともロースクールの修士課程なんかに入ってまじめに勉強している留学生は日に日にやつれていくということですから、この比ではないのでしょうが。

そんな私がノイローゼにならずにやってこれたのは、ただひとつ英語で文章を書くことだけは、ほかの人にあまり劣っていないような気がしたからです。最初の頃、あるテーマに関する全員の英作文を先生がコピーして配布してくれた時にはほっとしたのです。しゃべれる彼らですが、書かせると私とあまり変わらないということがわかったのでした。そんなわけで、まあ作文くらいまじめにやろうとくる日もくる日もせっせと宿題の英語の小論文を書きつづける毎日です。そんなに親しくなったわけでもありませんが、彼らの何人かはやさしくて、たとえば、ポーランドからきてベビーシッターと家政婦をしながら勉強しているアンナはよく隣に座ってフォローしてくれます。彼らからは健全な雰囲気がただよってきます。

日本人が多い楽なクラスで……

それに比べて、日本人妻が一二人のうち半数を占める配偶者向けのスクールはのどかで春風のようです。何となくわかりあえるというのはすごく楽なことなのです。故江藤淳氏が若い頃プリンストン大学に客員で留学して、同僚とコミュニケーションがうまくいかなくて孤立して次第に国家主義的になっていったという大江健三郎氏の朝日新聞の文章を読んで、なんだかすごく納得してしまいました。高すぎるプライドを論理や客観的条件で支えきれなくなった時にひとは右翼的になっていくのでしょう。やっぱりコミュニケーションて大事なんだなとつくづく思います。日本の英語教育ももっと最初からコミュニケーション重視型にすれば、右翼知識人の人数も減って行くのではないでしょうか(でも、夫は、英語だけでなくすべての面で日本の教育はコミュニケーション能力を育てていないし、そもそものつもりがないから無理だ、と言っています）。

ところで、この配偶者向けクラスには日本の大学病院の医者の妻がとても多いのです。もっともボストン近辺で会う日本人の中に医者が圧倒的に多いわけで、彼らはそれこそ北海道から九州まですべての大学病院から留学しています。これだけ大量の「医者の妻」に出会ったのは初めてです。

そんな中でも、この英語のクラスに出てきている医者の妻には特徴があります。彼女たちは自分自身が女医とか助産婦とかあるいは元看護婦とかで、つまり、たまたまお医者さんと職場結婚したという人たちなのです。彼女たちは、日本でつきあっていた保育園の働くお母さんたちとあまり変わらなくて、さばさばしているので話が合います。そして授業ではまじめなタイプです。

でも他のところで知り合った医者の妻たちの中には「私は医者の妻、もう人生のファーストクラスの切符は買ってしまったのよ」という感じの人もたくさんいます。その人たちは一五〇ドルの英語クラスになんて出てこないのです。もっとも彼女たちには守るべきものがもうたくさんあるのだろうから、これ以上危険を侵して何か新しいことをしようなんて思わないのかもしれない、と思わせるコンサバティブな人たちです。もっとも私のひがみのせいでそう思うのかもしれませんが……。

語学クラスで知り合った、元看護婦で、医学部で基礎研究をしている夫を持つよしえさんに「医者の妻って二つのタイプがあるよね」と言ったら、

「本当にそう。私なんか、医者の妻は普通の人と違うんだと思っている奥さんから〝あなたみたいのもそうなの〟とばかにされこともある。でも、たぶん医者のほうにも二種類あって、自分は特別な人間なんだ、看護婦は単なる遊び相手で、結婚するのは別の人、たとえば飾り物のお嬢様でいい、と思っている人と、まじめに勉強して普通に結婚するタイプがいる。自分が特別なんだと思っている医者の奥さんは、なんだか自分もえらいと思って妙に威張ったりするひとがいるんだよ。女の人のほうも、医者だから、ということで選ぶわけだからどっちもどっちだけど……」

という答えが返ってきて妙に納得してしまいました。

そんな彼女が住んでいるのは、病院が集中しているブルックラインという町で、彼女の家のある二五〇世帯の大規模集合住宅も三分の一が日本人、ほとんど医者と、大企業からＭＩＴなどへの派遣留学家族だそうです。そこには日本人だけの社会が存在していて、妻グループも日本の週刊誌をまわし読みしたり、子どものプレイグループをつくって交流したりしているそうですが、どんなブランドものを買った、という話題が中心だったり、あまりアメリカ人と交流する気がなかったりする彼女たちとつきあっていくのは苦労が多いとよしえさんは言います。もっとも出入りが激しいので、引越し家族のムービングセールで家具や電化製品を購入するのは簡単だということです。

地域の母親プレイグループで

そう言いながらも私もしっかりと地域の日本人母親のプレイグループに参加しています。このプレイグループというのは人種を問わず無数にあるようです。地域といってもうちの学区には日本人家族はいないのですが、このグループはアーリントンという私たちの住む町を中心に近隣のいくつかの自治体に住むお母さんで構成された約三〇人ほどの、昔からあるというサークルなのです。基本的に全員車で移動するので、家の間の距離はそれほど問題にならないようです。私は近所の公園で偶然出会い、すぐ連絡を取ってグループに入れてもらったことで、渡米して間もなくの生活面でいろいろな情報を得られてずいぶん助かりました。それがなければたとえばどこで何を買えるとかもわかりませんでした。基本的には週一、二度どこかの公園で子どもを遊ばせながら情報交換というかおしゃべりをすることが中心的な活動です。

でも活動をする中で次第に、気の合う人たち――それはなぜか国際結婚をしてこちらに住んでいる母親たちだったのですが――と一緒のことが多くなってきたのです。彼女たちの夫はアメリカ人だったりアラブ人だったりさまざまですが、彼女たちは総じてなんだか美しく（造形の美しさ以外の面もあるとおもいますが）個性が際立っていて、面倒見がよく、はっきりものは言うけれど、私にはまっとうな人たちに思えます。きっと「未来は混沌としているけれど、まあ愛があるからとりあえず飛び込もう」という選択をしてきたんだろうなあ、と思わせる人たちです。こんな、日本人女性の中でも「ラディカル派」と医者の妻といった「コンサバ派」がともに活動しているというのは外国生活のおもしろいところといえるでしょう。

そんな国際結婚組の三、四名と私で、日本の最近の小説をまわし読みするサークルを新たにつくることになったのです。彼女たちの中には小説好きな人が多く、私が持ってきた最近の日本の小説（もっと持って来ればよかった……）とか小説家の様子についての駄話なんかも喜んでくれます。きっと長く外国に住み今後も帰る予定はない彼女たちにとって、ある種飢えていたたぐいの情報だったのではないかと思います。でもグループの普通の日本人妻たちには小説好きなひとがあまりいないのは不思議なことです。

アメリカ人のお友達

そんな中で親しくなったアメリカ人の友達はエリザベス、同じ五歳の娘をキンダーガーデンに通わせています。たまたま迎えに行く学校の玄関が一緒で、また彼女はぽつんとしている人に声をかけるようなタイプだったこともあって話すようになったのですが、仲良くなったのはたわいもない会話がきっかけでした。

時間ぎりぎりに車で迎えに来たエリザベスに、

「あなたは働いているの?」と聞く私。

「子どもがうまれる前はグリーンピースの活動家をしていたけれど、今は時々ライターやエディターの仕事をしているだけ」

(しばらく絶句、でもさすがにあの過激な環境保護団体?とか私は鯨の肉が好きなんて言えなくて……)

「グリーンピースなんてすごい。日本でも有名だよ。そこでどんな仕事をしていたの?」

「いろいろなことの補佐的な仕事を」

「ところでアメリカの食品は添加物が多くてびっくりした。自然食品なんて売っているのかな」

「近くのブレッドアンドサーカスに行けば有機野菜や自然食品がたくさんあるよ。今度行かない?」

というような感じでよくおしゃべりをするようになったのですが、彼女はベジタリアンで、原発問題に詳しく(日本の事故のあと、大丈夫か? と聞いてくれたのは彼女だけだったし)子ども期のカウンセリングに興味があり、クロサワ映画が好き、ということもわかっていったのでした。なぜかとても親切にしてくれて、子どもの音楽教室にも誘ってくれ、彼女の娘クレアは娘の最初のアメリカ人友達となったのでした。

彼女は、たとえば「日本は公教育に学校選択制度が導入されようとしているけどそれは教育への市場原理の導入だ」という意見に「ブー（何だ。それは）」といってくれるような価値観の持ち主です。人間関係ができるのは、言語ができるかどうかの問題ではなくてお互いのパーソナリティーの問題なのかもしれないと思うのはそんな時です。

まあ他のアメリカ人のお母さんたちも会えば「ハーイ」と笑顔であいさつしてくれて、なにか質問すると優しく教えてくれるのですが、なかなかそれ以上の会話はできません。でも彼女たちを通して、アメリカの「よい家族」というもののイメージが垣間見えるような気がして興味深いです。この「よい家族」については回を改めて述べたいと思います。

4 差別を感じる時

週に一時間だけ、娘の通うアーリントンの小学校の授業の補助に入ることになりました。アメリカの学校では、親たちの学校でのボランティア活動は一般に盛んなようで、うちの学校でも、少なくともキンダーガーテン（五、六歳児）のクラスにはほぼ毎日どこかのお母さんが補助に出てきます。仕事をしているお母さんでも合間に少しだけ参加したりしているようです。アメリカ人母親の友人であるエリザベスは次のように述べます。

「私がクラスの補助のボランティアをする理由は、小学校の先生がオーバーワークだから。そして私は学校で友人、特に子どもたちの友人をつくりたい。私は、私の友情を通して学校を変革して行きたいと思っている」

日本でＰＴＡや学校参加について親たちにどんなにインタビューしても決して聞けないようなこの美しい発言に感動して、自分もやる気になったという単純な動機で始めたのです。

いろいろな国からのクラスメート

そこで驚いたのは、クラスに英語がうまくできない子どもたちが多いことです。私が補助するのは、三、四人のグループごとに筆記や工作などさまざまな活動を交代でしていく授業活動なのですが、たとえば「Ｄａｄ（お父さん）のスペリングを教えて」というようなレベルの子どもの要求が多いのです。なかにはほとんど英語を解さず、すぐ歩き出してしまうハイチから来た子もいます。なんとクラス一六人のうち六人が外国人だったのでした。アジア系と違って、私には見分けがつかなかったのですが、中南米などから来た子どもがいることも初めてわかりました。彼らの親たちの何人かは学区内にある低所得者向けの公共住宅に住んでいる出稼ぎ労働者ですが、他にもハーバード留学をきっかけにずっと滞在を続けている中国人一家などもいて、教える側にとっては苦労が多いと思います。担任のデボラ先生に、

「学年三クラスの中で一番外国人が多いクラスなんて、先生大変ですね」と言ったら、

「いいえ、この国は、ユナイテッド・ネーションズ（さまざまなものが一体となった国家）ですから」

というこれまた涙が出るような美しい応えが返ってきました。

さきほどのエリザベスの発言もそうですが、日本では、特に親にとっては受験競争というまさに私利私欲の権化のような「本音」の部分が必ずあるので、学校や教育についてきれいごとを言っても建て前っぽく聞こえるのですが、アメリカの親や教師は学校に対して本気で美しい理想的な発言をすることがあるようです。

でも夫に言わせると、時々アメリカ人が美しい発言をするのは、彼らがイデオロギーと現実の区別がつかないことの現れなんだ、ということなんだそうです。すなわち、たとえば「これは正義の戦いだ」ということになると、たとえ現実に行なわれていることがどんなに残虐であろうと、すべてが正しく思えてしまうといった風に。すなわち現実が見えない、というか見ようとしていないのだと。実態に目を向けなければいくらでも美しいことが言えるというのです。まあそれでも私には、言うべき美しい理想のかけらもない人間よりも、彼女たちはずいぶんましに思えます。

それはさておき、何人かの外国人の親たちの口から「ボストンの教育はいいから、ここで子どもを育てていきたい」という言葉が聞かれました。いろいろな場で、ボストンを中心とするニューイングランドは他の地域よりも比較的人種差別が少ないということを聞きます。留学生など外国人の大学関係者がやたらに多いという理由もあるかもしれません。

「ゾーニング」に驚く

そんな中で、夫からハーバードロースクールの「家族法」の講義の中で「ゾーニング」という制度について聞いて驚いた、という話を聞きました。「ゾーニング」とは「居住区指定」とでも言えばいいのかもしれませんが、ある地域に住める家族の条件を条例などであらかじめ限定することなのだそうです。たとえば、この村には、核家族で、広さ一三〇〇坪以上の敷地に一定の広さの一戸建てを建てられる条件を満たす家族だけが住める、とかをあらかじめ決めるわけです。そうすることによって、その地域に貧困な家族が入ってくることを防ぐ、つまりその地域を階層的に高く保つ役割を果たすのだそうで、特に郊外の高級住宅地などで広く取り入れられた制度なのだそうです。「家族法」の講義では、「ゾーニング」制度をめぐる裁判の事例などが紹介されたそうですが、具体的には、黒人の複数の親戚が寄り集まって暮らしている「拡大家族」をその地域に住むことができなくなるようにするため、両親と子どもからなる核家族だけが住めるように定めているこの制度が違憲かどうか、というのが主な争点だそうです。とにかく「ゾーニング」によって、あからさまな人種差別はしなくても――そもそもさすがにもうできないのですが、――おのずとその地域から有色人種は排除されることになるのです。さらにもっとひどい事例では、黒人の市長がいる自治体で、裕福な黒人層のためのゾーニング政策が取られたというのです。黒人街を白人の核家族が住むような典型的な郊外住宅地にするために、スラムの原因となる貧しい黒人の拡大家族の流入を排除したというのです。

これらの話を聞いて夫は驚いたというのですが、もっと驚いたのは、その時同じ教室にいた何人かの黒人学生たちが、このひどい話に全く関心を示さないどころか、うんざりした表情を隠そうともしなかったことに対してだそうです。基本的にロースクール（法学部）の黒人学生は黒人の中では超エリートだから人種差別の問題に関心が薄いのでしょうか。それとも彼らはそういった話題に食傷気味なのでしょうか。少なくとも私が、なんとか時々「聴講」しているエジュケーションスクール（教育学部）の黒人教授の「熱い」講義（私の場合、「学校紛争の解決方法・学校関係者間の意思決定」という興味のある講義題目で選んだら、なぜかボストンの黒人運動のリーダーみたいな先生の講義だっただけなのですが……）での教室半分を占める有色人種の学生たちの人種差別問題に対する「熱い」雰囲気とはずいぶん異なっているようです。この違いは単なる学部間の階層差によるものなのでしょうか。

夫は「アメリカでは自分のアイデンティティは自分で選べるのだから、黒人であっても差別の対象としての〝黒人〟としてのアイデンティティを押し付けられる筋合いはないのだろうけれど……」と言っています。

ニューヨーク州の田舎町で……

そんな話を聞いた後で、偶然この「ゾーニング」の実例を目にすることができました。一一月末のサンクス・ギビングデーの休暇に夫が仕事で日本へ短期帰国したため、私と娘はニューヨーク州にある日本の親戚の友人宅を訪れることになったのでした。そこで、ニューヨーク州といってもマンハッタンのような都会とは逆方向にある、サラトガスプリングという高級避暑地の隣り村へ高速バスで向かいました。めざしたのは、アメリカの研究機関を一〇年前にリタイアし、この村で暮らしているKさん夫妻宅です。Kさんは物理学の一分野である「氷雪学」が専門ですが、一九六〇年頃、研究業績をみとめられこちらにポストを得て、さらにある時期はノーベル賞の湯川秀樹、「人口雪」の中谷宇吉郎らと同じ大学にいたといったお話をうかがっていると、この分野での当時の日本の頭脳流出がいかにすさまじかったかを実感させられます。そんなKさん一家と娘さん一家はりんご畑が多いその村での、数少ない有色人種でした。

驚いたのは、この村では家と家との間が果てしなく広く、間に境界のようなものがないことでした。所々に牧場のようなものがあって馬がのんびり歩いていたりするのですが、それも庭の一部で、その中に瀟洒な家が点在しているのです。これが例の「ゾーニング」でした。嬉しかったのは五歳の娘がいくら騒いでも近所迷惑にならないことでした。

なんでもこの近くにはアメリカの大企業GE（ジェネラルエレクトロニクス）の研究機関があって、そこに勤める研究職が多く住む村なのだそうです。ちなみにKさんの娘婿もその一人でハーバードの数学の博士号を持っているという人なのです。そして子どもの学力もニューヨーク州内ではトップクラスの地域なのだそうです。

ここでは一軒の家を建てるのに、核家族で、一エーカー（約四〇四七平方メートル）以上の敷地が必要で、さらに家の建坪にも細かい規定があるのだそうです。また、その必要な敷地面積の基準は最近さらに広く改正されたとか……。それによって、かなり富裕な人たちしか住めない村になっているのです。数日間の滞在でしたが、レストランなどへ行っても、黒人をはじめKさんら以外の有色人種に出会うことはまずありませんでした。

近所を案内してくださった娘婿のSさんは、

「一軒あたりいくらの学校税を払って公立学校を運営しているので、もし一家族内に子どもがたくさんいる貧しい家族が村に入ってくると、学校税の総額は増えないのに子どもの数ばかり増えて、学校の条件整備面が悪化してしまうといったことがあるのでゾーニングは必要なのです」と言います。

さらに、たとえ経済的条件は満たして入居できても、その人の生活態度に問題があるような場合、隣人たちがやかましいのだそうです。

「この村の家を相続してよそから入居してきたある人が、庭の周りに塀をめぐらしてしまったことがありました。それはここでは変わった行為なのです。そして、その人のことが村のタウンミーティング（村人が直接話し合う会議）で問題になりましたが、そこでの議題は、彼が自宅で馬や鶏を飼うことを村として認めるかどうか、というものでした。つまり鳴き声や何かで近所に迷惑をかける、というのです。それは多分に口実でつまり地域住民から浮いている人物にいいがかりをつけているのです」

とSさんは教えてくれました。アメリカのリッチな郊外生活の排他的な側面を少しだけかいまみた気分です。

さらに、アメリカへ来て初めて、ユダヤ人への差別意識があるのを感じたのもこの村ででした。Sさん夫妻とおしゃべりしていて、ハーバードロースクールでの夫の指導教官がユダヤ人という話に及んだとき、「ユダヤ人への差別ってそんなにあるんですか」という私の素朴な疑問に対する夫妻の困った態度に強い印象を受けたのでした。別にはっきりそうだって言ったわけではないのですが……。

ボストン近郊に戻って娘の学校のお母さんにちょっとこの印象を話したら、

「あそこはニューイングランドではないから」

という応えが返ってきたのでした。しかしまあここでも多かれ少なかれそういった差別はあるのでしょう。ただ、うちの学校にもユダヤ人のお母さんはいるのですが、私にはまったく見分けがつかないのですが。

アメリカの「良い家族」って何

一方、私にもはっきりとわかるクラスのアジア系のお母さんたちは、こころなしか私に親しみを見せ、いろいろ助けてくれるようです。中でもインドネシア人母親のローザは、近所とはいえ、冬になってからは、車のないわが家の前で毎朝娘をひろって学校まで連れていってくれる親切なお母さんです。彼女は白人の夫と、白人系の感じの二組の男の双子、つまり四人の息子を持ち、学校の行事には必ず夫妻で顔を出し、その場でジョークを連発して場をわかせてくれます。そこいらのエスニックレストランよりもおいしいインドネシア料理が並んだ豪華なバースデーパーティーに、娘をはじめクラス全員を招待してくれたうえに、出席者全員に丁寧なお礼状まで書いてくれました。その上、ハロウインに向けての家のデコレーションのこりようとか、子どもたちの描いた作品を家の前に飾ってある様子とか、本当に「気合の入った」すばらしい母親だと思います。娘の同級生である彼女の息子の、教室内のロッカーには、彼女以外全員白人の一族の写真、祖父母と父母と子どもたちの美しい写真がはってあります。そこには、夫婦で「子どもを大切にする良い家族」を一生懸命やっていこうとしているような感じ、きっと彼女はどこかで「良いアメリカの母親になる」決意をしたんだろうなあ、と思わせる感じが漂っているようです。

確かに、この辺では一部の地域を除いて差別は見えにくくはなってはいるのですが、「典型的なアメリカ文化」と「それに合せようとする努力」と「それに合わないものの排除」といったものの気配は濃厚に漂っているようです。それではその優越的な「典型的なアメリカ文化」の中身っていったいなんなのでしょうか。

5 マザーグースからディズニーまで

六歳の誕生日を迎えた娘が、アメリカの公立小学校のキンダーガーテンで最初に覚えた詩は「ハンプティ・ダンプティ」です。これはご存知のように、出典はイギリスのマザーグースで、「鏡の国のアリス」にも出てくるのですが、壁の上のたまご、ハンプティ・ダンプティが落ちて割れちゃった、というようないかにも子どもが好きなナンセンスな詩なのです。

キンダーガーテンのカリキュラムは、毎週何か一つテーマが決まっていて、たとえば今週はテーマが「こうもり」だったら、工作でこうもりの人形を作り、サイエンスでこうもりの生態の本を読んで、英語でこうもりの詩を読む、といった具合にいろいろなアプローチの仕方をするので、多くの子どもはしばらくこうもりに夢中になるのです。そして、ある週に、この「ハンプティ・ダンプティ」がテーマだったのでした。娘は、作ってきたハンプティ・ダンプティ人形をたなのうえに飾り、うれしそうに独特のリズムでこの詩を暗唱しているので、とうとう本屋で「リアルマザーグース」という英語の本を買ってやりました。学校では、ほかにもマザーグースの「五匹の子豚」の遊びなどを教材にしていたようです。

イギリス人研究者によるマザーグース

ところが買った本の中で、たくさんあるマザーグースの詩のうち、私が曲がわかるのは有名な「ロンドン橋落ちた」くらいなのでした。なんとか他の詩のメロディーを知りたいものだと、夫とケンブリッジ市内の子どもの本屋を探してみたのですが、なぜかマザーグースのテープやＣＤがみつからないのです。

そこで考えついたのは、夫の所属するハーバードロースクールのヒューマンライツプログラムというところに所属するイギリス人研究者、つまり同僚たちに教えてもらう、という方法でした。こんなことをかんがえついたのも、夫がこちらに来てから四カ月間、二人部屋の研究室を共有してきた、イギリスのグラスゴー大学の国際法の講師、トゥリー（本名カトゥリーヌなのですがなぜかトゥリーなのです）が歌や踊りが大好きな陽気なスコットランド人だったからでした。研究室で行なわれたクリスマスパーティーで、集まった研究者やその家族たちにスコットランド舞踊を踊らせたのも彼女です。プログラムの部屋に酒や料理を持ち込むのはまだしも、フォークダンスを踊ったのはロースクール始まって以来のできごとではないか、と言われたのでした。少なくとも隣りの、日本からも大蔵省・厚生省から派遣されてる人がいる超まじめな「国際租税法」プログラムから歌声が聞こえてきたことはないということです。

夫の英語のチェック役までしてくれていた彼女が帰国することになったので、わが家でさよな

らパーティーを開き、ついでにマザーグースの歌を歌ってもらってテープにとらせてもらおう、とちゃっかり考えたのでした。そこにもう一人のシンガーが現れました。夫の次のルームメイトになるイギリス人研究者で、国際人権規約の世界的権威（らしい）というリバプール大学教授のドミニクが歌が大好きな人だということがわかったのです。彼は家に「ケラオケ（カラオケ）」セットまで備え、二人の娘といつもイギリスのポップスを歌っているというのです。

そんなわけでわが家の日本食パーティーには、クリスマス休暇でイギリスから遊びにきていたドミニクの家族も含め五人のイギリス人がそろいました。一四歳の娘さんの「ロンドン橋落ちた」から始まって、ドミニクの「三匹の目の見えないねずみ」、高校で英語教師をしているドミニクの奥さんのすばらしい発音の詩の朗読、トゥリーの力強いスコッティシュ民謡、そして全員の合唱と、次々と歌は続いて行き、結局そのテープはわが家の家宝となりました。

英米系児童文学がすばらしいわけは……

そんな中で、ドミニクの奥さんについ次のような質問をしました。

「どうして英語圏からすばらしい児童の読み物がたくさんうまれているのだと思いますか?」と。彼女の仕事や朗読が好きそうな様子からみて、私が常々疑問に思っていたことを聞きたくなったのでした。

イギリスとアメリカの児童文学や絵本にになぜすばらしいものがたくさんあるのか、以前から児童文学の専門家に聞いてみたいものだと思っていたのです。あくまで素人としての感想ですが「ピーターパンとウエンズデイ」、「不思議の国のアリス」、「くまのプーさん」といったある時期のイギリスの児童文学は画期的なもののように感じられるのです。子どもの視線や感覚に付き合っている感じがするのです(これらの作者は、少年愛や少女愛など倒錯した性向の持ち主、すなわち自分が大人になりきれない永遠の子どもだったという説もあるくらいですから……)。

そして「オズの魔法使い」、「トムソーヤーの冒険」、「あしながおじさん」といった古典的なアメリカ児童文学も充実しています。何というか、これから伸びていく国の国民のパワーとシンクロするような子どものパワーを感じさせるのです。さらに英米系の国の絵本にはすばらしいものが多いと思います。

子ども期の混沌、むちゃくちゃなパワー（個人的には、この混沌とパワーこそ優れた子ども本の持つ条件だと考えているのですが……）、夢、限度の無い好奇心、大人への結構対等な視線と、反面すべてを受け入れてくれる愛情や保護への期待と信頼、といったものが感じられる絵本って確かにあるのです。

たとえばアメリカでは「おサルのジョージ」といったとても通俗的な絵本にもそれを感じます。そして悲しいことにそうでない子ども絵本、たとえば説教くさい、大人の視点からだけ書かれたようなものもたくさんあるのです。日本のある通信教材の絵本なんてとほほ……と思いたくなるようなものでした。もちろん他の国や日本の絵本にも優れたものはあるのですが、イギリス、アメリカの絵本は層が厚いように思えます。

たとえばもう古典になるのかもしれませんが、センダックの「かいじゅうたちのいるところ」やエリック・カールの「はらぺこあおむし」などの本の数々はだれも文句のつけようがない優れた絵本でしょう。余談ですが、ハーバード大学で「かいじゅうたちのいるところ」一冊をテーマにかつて大シンポジウムが開かれたというくらいこちらでも評価の高い絵本です。

さて、ドミニクの奥さんの答えは、

「英語の発音には独自のリズムがあってマザーグースのような言葉遊びには最適なので、その言語の特徴から、子どもの文学も発展したのではないかしら……」

というものでしたが、私にはちょっと納得できませんでした。

子ども文化に感激

こちらに来てそんなアメリカの子ども文化に感動したことがあります。

最初は、クリスマス恒例のボストンバレエの「くるみ割り人形」を娘と見に行ったとき、家のクリスマスパーティーで大勢の子どもたちが踊るシーンを見て、涙がこぼれました。これは未開の地からきた人間が華やかな文明の美しさに茫然自失したといったたぐいの感動で、舞台の美しさだけでなく、古い劇場、着飾った観客の子どもたちや大人たちといった多くのものが、ある程度時間を経て熟成された「文化」を感じさせたのでした。アメリカではクリスマスシーズンに「くるみ割り人形」を公演する都市が多いということですが、その内容はたぶん子ども期のファンタジーそのものです。

次は、娘のクラスのサポートに入っていて、授業の中でエリック・カールの絵本のビデオを見たときのことでした。たまたまその週のテーマは「こおろぎ」だったので、子どもたちはこおろぎの人形を作ったり、エリック・カールの絵本「だんまりこおろぎ」を先生に読んでもらったりした後、さらにクラスのある子が家から持ってきたそのビデオを鑑賞することになったのでした。

日本でも翻訳された同じビデオを見たことはあったのですが、教室で、エリック・カールの絵本そのままの色彩の美しいビデオの原文のナレーションを聞きながら、子どもたちが一緒に「こおろぎ坊やは……小さなはねをこしこしこし……でも音が出ないよ聞こえない……」といった動作をしているのをながめていたら、なぜか感動してしまいました。こんなすばらしいものを子どもたちが見ることができるなんて……。

私たちはエリック・カールの絵本が好きで、日本では全冊買っていたので、娘の通う学校で彼の本がほとんど副教材といっていいほどひんぱんに使われるのを喜んでいたのでした。でもその時は、同じことを日本の小学校でするのは望むべくもないことなんだなあ、教師が希望してもエリック・カールを副教材に指定してくれる教育委員会があるかなあ、と思うと複雑な気持ちになりました。

そんな感動の体験ばかりでもないのですが、子どもたちが扮装してお菓子をもらい歩くハロウインやクリスマスなど、どうみても子ども向けの行事が充実している（もっともハロウインなんてお菓子製造の大企業のためにあるお祭りのような気もしましたが）のも、最近は日本製のポケモンがかなり席巻しているとはいえ、ディズニーやワーナーブラザーズなど子ども向け大衆文化の層が厚いのもこの国の特徴といえるのでしょう。乱暴な言い方をすれば、何となく文化が子どもっぽいような気がするのです。

抑圧されている（?）子ども期

それではアメリカの子どもたちは自由で伸びやかで幸福なのか、といえば、どうやらそうでもないらしいのが不思議なところです。日本は一九九四年に子どもの権利条約を一応批准しているのですが、アメリカはそれをしていない最後の二カ国の一つです（もう一カ国は内乱中でそもそも政府が機能していないソマリア）。そして、「子どもの権利」というのはアメリカでは当たり前のこととして通用するものでは決してありません。クリントン夫人が理事をつとめ、権利条約の批准を推し進める圧力団体であるチルドレン・ディフェンス・ファンドでさえ、国内では「子どもの権利」とは一切言わず、「子どもの最善の利益」としか使わないのだそうです。

一一月に、夫が所属するプログラムの定例研究会で、彼が「子どもの権利」に関する自分のレポートを報告したとき、国際人権法を専門とするアメリカ人主任教授は、

「合理的な判断能力のない子どもには権利なんてない。子どもはケアーが必要なのであってそのようなケアーは子どもの権利なのではなくて、大人の義務なのだ」

と反論して二人の間に大議論が展開されたのことでした。

また、子どもの権利条約でも提起されている、「子どもの宗教選択の自由」については、

「子どもには宗教選択権なんてない。宗教は家庭の文化なのだから。子どもは従うのが当たり前だ。子どもが宗教を選べるなんて、宗教をキャンデイーのように扱っている」

というきつい反論が敬虔なユダヤ教徒のアメリカ人助教授から出されたということです。

他のヨーロッパ人の客員研究員たちはむしろ夫に好意的だったというのですが、教授たちの熱の入った反論から、アメリカでは一般に「子どもの権利」を主張すると、親や家庭の権利がない

がしろにされ、ファミリープライバシー（家庭のプライバシー）が侵される、という発想が強いということを彼は思い知ったということです。

また、将来の「善き市民、善き公民」を育てるためにこそ子ども期があるのだ、子ども期はその訓練のための時期なのだ、という考え方が強いのもアメリカ社会の特徴だというのです。夫は、「子ども期を将来のための準備期間としてとらえるのではなく、今の子ども期を重要視できるロジックを立てる必要性がある」と主張したものの、アメリカ人助教授は、「結局は子ども期は将来の準備なんだよ」と言ったそうです。これは「大人になって自由を行使するために、子どもには自由を教えておかなければならない」という、われわれにはどちらかというと否定しづらい主張ともつながっているのですが、夫に言わせると、それでは真の意味で子ども期を固有のものとして尊重していることにならないと言うのです。

ある意味で、アメリカの子どもたちは「善き市民」たれ、という価値観を徹底的に植え付けられてきた、そういった意味では強く抑圧されてきた、というのが夫の主張なのですが、私は、今のまわりの子どもたちを見ると、それほど「抑圧」のイメージは持てないのが正直なところです。もっとも日本の受験競争のようにわかりやすい「抑圧」ではないのかもしれませんが……。

ディズニーには親子関係がない

でも「抑圧」はあまり感じない私も、アメリカを代表する子ども向け大娯楽産業のディズニーに反感を感じるのは彼と共通しています。先に挙げたような優れた子ども絵本とくらべると、たとえばディズニーの絵本は原作の表面を都合よくなぞったような薄っぺらく説教くさいものに感じます（そう言いながらも、うちの子どもには、ディズニーのビデオを日本のレンタル屋で借りてほとんど見せてしまっていますが……。親が忙しいとき、文化の質なんて問えないのが悲しい）。ディズニーはどこが変なんだろう、というのが夫と私の共通の疑問でした。

それについて夫の指導教授で家族法のマーサ・ミノウ教授は次のように言ったそうです。

「ディズニーにはアメリカの〝子ども期〟の代表的なイメージがあるしファンタジーもあります。でもそこには〝親子関係〟のイメージはないのです。何がよい〝親子関係〟なのか、というメッセージはそこにはありません。むしろディズニーの映画の中で、親はしばしば殺されます。きっとディズニーは親を殺したがっていたのでしょう」

これを聞いて深い意見だと思ったのです。たしかに、すばらしい子ども期のイメージはこの社会にあふれているものの、それを充足する「家族」「親子関係」に関してはブラックボックスの中、というかモデルを見失いがちな状況があるのではないでしょうか。たとえば「家庭のプライバシー」のかげで、親による児童虐待が蔓延しているのも大きな社会問題の一つです。

この話を学校の母親友達のエリザベスにしたら、

「私もディズニーは大嫌いで娘（五歳）には一度もディズニー映画を見せていないの。暴力的なのと、女性の性的役割が固定化されているのが嫌いな最大の理由だけど、私はたった一人の例外的なアメリカ人だと思ってたのに、そうでもなかったのね」と笑っていました。こうなったら私たちもアメリカにいる間、日本人がだれでも行くディズニーワールドには意地でも行かないぞ、と決心するのでした。でも、優れた子ども文化と子どもの「抑圧」はどのような関係にあるのか、あいかわらず謎は続くのです。

6 ハッピーバースデイ

ボストンのような都会での生活の良いところは、ベーカリーでおいしい焼き立てのパンが食べられること、と近くの大学で客員講師をしていた村上春樹が書いていましたが、たしかにボストン近郊ここアーリントンのわが家の近所にもおいしいベーカリーがあります。やたらと甘いケーキが多い中、そこケブラダベーカリーはケーキもパンも小麦の風味がするような生地なのです。でもそこで一〇日間の間に三回もバースデイケーキを予約したのは私たちぐらいのものでしょう。

最初は、日本人のプレイグループ向けのパーティーにチョコレートクリームケーキを、次の日には近所の公立小学校の娘の教室でのお祝いのためにバタークリームのケーキを、そして一週間後の土曜日にはクラスメートを家に招いてのパーティーのためにいちごのデコレーションケーキを買ってしまったのです。その後さすがに、そこで高い朝食用クロワッサンを買うのはしばらく控えようと決意しました。

誕生日当日に、学校の教室へ親がケーキを持ってきて、みんなで祝ってケーキを食べるのはこちらの習慣のようです。日本にいたときは逆に保育園から手作りプレゼントがもらえたのに。

さて、原色ケーキが多い中、ベーカリーのシンプルなケーキを見て担任のデボラ先生は、

「お母さんの手作りなの？」

と後で娘に聞いたそうです。

それはともかく、アメリカで迎える娘の初めての誕生日には、本当に親はエネルギーを使いました。

商品化されているバースデイ

こちらへ来て子どものバースデイパーティーが豪華なのには驚きました。景気がいいことを反映しているというのですが、年々豪華になっていて、外国人家族は戸惑う、どう対応したらいいか、と新聞にも出ていたくらいです。

まず、民間の体育館やボーリング場などのスポーツ施設を二時間ほど借りて、ピザなどを持ちこんで行なうタイプのパーティーをよく見かけます。それから、工作タイプといったらいいのか、あらかじめつくられた粘土の置物に色を塗って後で焼いてもらう「粘土・焼き物屋」や、工作教室を借りるパーティーもあります。これらは誕生日産業とでもいうのか結構商売が成り立っているようです。子ども一人あたりいくらというふうに価格も設定されていて、そして、それは決して安いものではありません。たとえば近所の「粘土・焼き物屋」では粘土の置物一個あたり約一五ドルに、その塗り賃がさらに五ドルだそうです。それが来た子どもの人数分だけかかるのです。

さらに自宅で行なう場合にも、「眼の肥えた」アメリカの子どものために、プロの芸人を呼んでアトラクションをすることが多いのだそうです。こちらに来て最初に呼ばれたクラスメートのティミー・ティディー双子兄弟の自宅でのガーデンパーティーには、子ども専門のマジシャンがきて子どもたちを魅了しました。

さらにパーティーのお約束グッズがあって、紙の三角帽子と紙コップと紙皿とナプキンを好きなキャラクターものでそろえて、さらに来てくれた子どもたちが帰るときに、同じキャラクターのおみやげ袋（もちろん中身入り）を持たせるのがよくあるパターンみたいです。

ちなみに双子兄弟の盛大なバースデイはスターウォーズグッズで統一され、ケーキさえもブルーのスターウォーズケーキでした。さらに、庭にはこの日のために買い求めた行事用テントが張られ、テーブルには四〇人ほどの子どもたちのプレゼントがうずたかく積まれ、渡されたおみやげの包みの中身はクレヨンや塗り絵の本で、どうみてもうちの娘が持って行ったプレゼントより総額は高そうでした。

これらのパーティーグッズはトイザラスといった巨大おもちゃ屋やファーマシーの一角を占めていて、まあプレゼントもカードも包装紙もそこで買われるので、結果的にこれらの店を儲けさせるために誕生日をやっているような気さえします。日本と違って誕生日は圧倒的に商品化されているといってもいいでしょう。まあ誕生日に限らず、子どもの行事が商品化されているのはアメリカの特徴です。

手作りのパーティーにするには……

そんな中で、娘のためにどんなパーティーを開いたらいいのか、結構長い時間考えていました。幸いわが家は空間だけはあるので、自宅で開こうとは思いました。商品文化にできるだけ毒されたくないし、外で会場を借りるとなると、車で全員が行くことになるわけで、その点に関してもうちには乗れる車がなかったのです。

ただ家でやるにしても、どうやって時間を持たせたらいいのか、考えたあげく、娘の好きな工作をみんなでやることにしました。彼女が特に気に入っている、「サンドアート」という、透明のビンにいろいろな色の砂を層にしてつめていくものを選びました。これだと時間もかかるし、結構集中できて楽しめるのです。幸いビンが何本か入ったセットを売っているので、ビンが子どもの人数分になるように買い求めました。

それ以外にも、日本人のプレイグループのお母さんが作った英語のカルタと、アーティストのお父さんがつくった福笑いを借りてきて、折り紙も用意して、一応、日本の遊び、としてみんなに紹介することにもしました。

そして、招待するのはクラスメート全員と隣のクラスにいる双子の片割れの一五名です。これも、やや多いような気もしたのですが、とても、招待する子どもを選別するなんて外国人の私たちがやってはいけないような気もして、さらに自分だけ呼ばれない子どもの気持ちも思って、男子一〇人女子五人にポケモンの招待状を出しました。これは市販のもので、日時や場所の欄のほかに、「お断りの場合のみ次の番号にお電話を」のマークも印刷されているものです。まあ、風邪の季節だし、用事もあるだろうし、一五人全員はまさか来ないだろうと思っていたのです。うちにはとてもそんなに椅子はないのです。

嵐のようなパーティー

ところが断りの電話は当日まで一つもかかってこないのです。まさか全員が家に来るのでは……と次第に不安におののく夫と私。それをよそ目に、

「アンジューもアレクサも来るって言ってたよ。でもアンジューは乱暴だからお家壊すんじゃない」

とはしゃいでいる娘。

そして零下一八度のよく晴れたその日がやってきました。

時間ぴったりにまず白人の二人の男の子が一人のお母さんに連れられてやって来ました。

「二人もことわりの電話がないけど全員来るんでしょうか」

夫が聞くと、

「こんな寒い日はみんな家にいるしかないから来るんじゃない」

とお母さん。彼女は日本の遊びを少し見て二時間後のお迎えを約束して帰って行きました。それ

から次々と子どもたちが連れられてきて、家の中はいっぱいになっていきました。彼らは小人数のうちは日本の遊びなんて多少やっていましたが、そのうちに家の中を追っかけ合いをしながら円形に駆け回り始め、次に風船でお互いをたたき始めました。この時点で、彼らは普段かなり欲求不満気味でエネルギーを発散させたいんじゃないか、と非常に強く感じました。が後の祭でした。まあボストンの冬は厳しく外で遊べないので無理もないのですが……。アメリカの子どもは実は抑圧されているという夫の自説に初めて共感しました。きっと日本人の親は甘くて叱らないと察したんじゃないでしょうか。

そして次第に闘いはエスカレートして行き、風船は次々と割れ、何人かは服を脱ぎ捨て、半そででも汗だくになる子も出てきました。途中で女の子組は子ども部屋に立てこもり、ドアを叩く男の子たちに対して中で歌を歌ったりして抵抗しています。一言

で言って大混乱で、とにかくけががないように、子どもたちを追っかけまわしながら、

「ストップ、叩かないで」

とどなりっぱなしでした。

結局静かだったのは、みんなでサンドアートを作った数十分——本当に貴重な時間でした——と、ピザを食べジュースを飲んでいる時ぐらいでした。一応作った日本食めいたもの、春巻きなどはだれも食べませんでした。それどころかろくに出す余裕もありませんでした。そして最後の子どもが帰った後、夫はベッドで寝てしまいました。

来なかったアジア人たち

パーティーは、たぶん娘にとっても彼らにとってもエキサイトした楽しい時間だったことは確かです。

プレゼントは工作セット系のものが多く、クラスメートたちはうちの娘の好みを熟知しているようでした。とにかく、こんなにたくさんの贈り物を一度にもらったのは生まれて初めてなので彼女は興奮気味です。

ただ私と夫にとってショックだったのは、パーティーにやってきた一一人のうち一〇人はネイティブのアメリカ人で、もう一人は、コロンビア移民のちょっと英語が苦手なアンジューで、その他の、普段、娘と一番仲のいいはずのパキスタン人のフィンと、中国人の二人の男の子、つま

りアジア系が全員来てくれなかったことでした。

特にフィンは、前の日に何となく来たそうだけど行かないようなことを言っていたので、心配になってパーティーの直前に電話したら、出てきたお父さんが硬い声で、

「彼女は今日行かなければならないところがある」

と切ってしまったのでした。

もう一人来なかったハイチからの移民で公共住宅に住むガーベンは、招待状を学校の鞄のフォルダーに入れる時点で、これまでの学校のプリントが中にたくさん残っていたので、お母さんが招待状を見てくれないんじゃないかな、というような気がしていたのですが、やっぱり来ませんでした。でも、生粋の黒人はクラスで彼だけなのですが、いつも態度があまりにユニークで、一番来て欲しかった子どもの一人なのでした。

なんでアジア人が誰も来てくれないのか、これについてはその後、夫と二人で気にしてずいぶん話し合いました。まず考えられるのは、経済的な問題です。見たところ、子どもたちのプレゼントはだいたい一〇ドルから二〇ドルくらいのものだったのですが、一度ならまだしもクラスの多くの家に呼ばれたら、結構な出費になってしまうのでしょう。さらに招待されたら、当然自分のところでもパーティーを開かないわけにはいかないでしょう。たとえば公共住宅に住む出稼ぎ労働者の子どもがたくさんいる家庭にとっては荷が重い習慣なのかもしれません。

次に考えたのは、パーティーに呼んだり呼ばれたりするのはアメリカの習慣であって、アジア

系の習慣ではないのではないかということでした。そういえば、他のクラスメートの誕生パーティーでも彼らの姿を見たことはないのです。少なくともクラスの中国人の子どもの親は超高学歴でまず経済的な事情は考えられないのです。またもしかしたらパキスタンのイスラム教は誕生日を祝ってはいけない宗教なのではないか、などとあらぬことを考えたりもしました。これは、アラブ人と結婚している日本人のお母さんに聞いてみたところ、そんなことはないという答えが返ってきました。

さらに、もしかしてアメリカ人に媚びる日本人は他のアジア人から嫌われているのではないか、という懸念も浮かんできました。多少経済的に豊かだからと、他のアジア人とわれわれとは違うんだ、われわれだけがアメリカ人と同レベルになれるんだ、という雰囲気を発散しているのではないか、と。さらに戦争責任については政府が中国などにちゃんと謝罪していないからアジア中から嫌われているんじゃないか……とかまあいろいろなことを考えてしまいました。

ただ、たしかに、この社会の差別構造にしっかりと組み込まれている出稼ぎ労働者たちの家族に比べたら、一時滞在の大学関係者という私たちの立場は、普通のアメリカ人に同化しやすいのは確かなわけで、その点において少し配慮が足りなかったのかなあ、というのが正直な感想でした。

でもその後、学校でのアジア系の母親たちや子どもたちの私たちに対する対応は以前とまるで変わらなかったのでちょっとほっとしたのでした。

親と子どもの交流の場としてのパーティー

いろいろあったものの、娘とアメリカ人のクラスメートとの距離はこの日を境に飛躍的に近づいたのは確かです。担任のデボラ先生もこのことに気づいて驚いた、と話してくれました。さらに、私と彼らの母親や父親たちも、このパーティーについての会話をきっかけに親しくなり、家を訪れるようにもなったのです。

考えてみれば、日本の学校や保育園のように、運動会や発表会などで親全員が一堂に会し、子どもたちを交えて交流する、という公的な機会がこちらの学校にはあまりないのです。階層を超えた協同関係がつくりにくいというか、余裕があって積極的な親はしばしば学校や行事に顔を出し、人間関係を作っていくのですが、そうしない親はまるで孤立してしまいます。そうして誕生パーティーは、公的な学校行事が少ない分、クラスの子どもや親が交流していく上で大きな意味を持つのかもしれません。でもだからこそ、クラス全員でやりたかったなあ、とやっぱり思うのでした。

7 ハーバード・ブランド

なんの因果か、夫がハーバード大学に客員で来ることになってしまったのは、彼がフルブライトという留学機関を通して、自分の専門に近いスタッフのいる三つほど候補の大学を考えていたところ、たまたまハーバードロースクールの女性教授が速やかに良い返事をくれたことが最大の理由です。まあ古くからある有名な大学、ケネディ大統領の母校であるというぐらいの知識はあったのですが、こちらへ来て、人々の反応から、結構ハーバードというのはブランドとして通用するんだなあ、という思いを新たにしました。ちなみにケネディのロースクールの成績はひどかったそうです。

アメリカ人って結構ランキングが好きみたいで、どこの大学が優れているか（スタッフの質とか卒業後の就職先とか総合で）のランキングを毎年出していて、あてになるのかどうかわかりませんが、ハーバードロースクール（法学部）は法学部ランキングで全米第二位で――一位になれないのはあまりにも突き放したかたちで教育をするだからだそうです――、エデュケーションスクール（教育学部）はなんと第一位なんだそうです。でも教育学部なんて片隅にあって、本当に地味で、これで？　という感じです。

英語の宿題のアメリカ小説を読んでいたら、ハーバードコンプレックスのある二九歳のアメリカ人独身女性の話が出てきました。彼女は小さい頃からハーバードにあこがれていて入学するつもりが諸般の事情で夢が破れてしまい、そのかなわなかった夢の生活の象徴としてハーバード大学が存在するのです。そんな彼女が外国でたまたまハーバード大学の教授と知り合い、ひょんなことからくどかれて一夜をともにしてしまうのですが、翌朝、彼の脱ぎ捨てたパンツがハーバードのロゴマーク模様（ベリタス――「真実」という意味――と書かれているマークで有名です）だったのをみて、これまでの幻想がいっきに崩れ落ちていったという話です。まあ、ハーバードロゴ入りのパンツを愛用しているハーバード教授がいるとは思えないのですが、このパンツは大学生協で売っているので妙にリアルで大笑いしてしまいました。

高い授業料……だけど

ご存知のようにアメリカの大学の授業料は、日本の大学と比べるとばか高いものです。わが国の国立大学のように安い一定の授業料をとるシステムはありません。私大のハーバードではだいたい年間二万ドルから五万ドル（二〇〇万円強から五〇〇万円強）の授業料をとります。ただし五万ドルというのは医学部だけのようですが。そしてほとんどの学生は学生寮で生活するので、寮の住居費や食費を含めて、たとえば教育学部では、だいたい年に一人三万五〇〇〇ドルくらいかかるのが相場だそうです。

かつては裕福な家の子どもが多かったが最近はそうでもなく九〇パーセント以上の学生が何らかの奨学金を利用している、と日本の新聞記事にはありましたが、やはり感じとしては、裕福な層の出身者が多い印象を持ちます。

それは入学者の選抜方法とも関係していると思うのですが、こちらでは入学試験ではなく日本のいわゆる「内申書」のようなもので入学者を選抜するので、学校の成績だけでなく、クラブ活動での業績、地域でのボランティア経験や社会的活動、そしておそらく親の出身大学なども評価の対象になっているというのです。だから「リピーター」(親子で入学するケース)が多いというのです。もっともこれは息子をハーバードにやったお父さんから聞いた話なのでうのみにはできませんが。またバイトをしている学生に会うことはまずありませんが、それも学業が忙しすぎて仕事との両立が難しいというのが大きな理由だと思います。

とにかく一八歳ぐらいで入学してまず教養学部で学んだ学生たちは、その後各専門の学部(日本では修士以上にあたるのですが)に分かれて行きます。ハーバード大にはたくさんの学部があるのですが、その中で、ないしょですがちょっとレベルが低い、という噂があるのがケネディスクール(総合政策学部のようなところ)です。ここは歴史の新しい学際的な政策研究をする学部として鳴り物入りでできたものの、外国からの留学生が多くて、結局、講義の水準が低くなってしまっているというのです。ただし授業料は同じように高くて、ハーバードはこういうところでしっかりお金儲けしているという感じです。

この学部には、日本からの留学生が現在約四〇人います。そのほとんどは各官庁から修士課程への留学組で一～二年の滞在です。その中のひとり、今、なにかとうわさの警察庁から留学している人の奥さんに話を聞く機会がありました。ショックだったのは、彼らの生活はカナダやジャマイカなどへの旅行三昧で、ぜんぜんお勉強で苦しんでいる気配がなかったことでした。

「彼は、もうアメリカ人と議論することは最初からあきらめて、英文の読みと書きだけ何とかするつもり、日本人ばかりの環境なので、日本の大学の延長みたい。ホームワークも日本人同士のペアでやっているので英語で苦しむことはないし、卒業論文も簡単なペーパーだけ」

といった話を聞いていると、ヒューマンライツプログラムにたった一人の日本人で、渡米してから土日も勉強に追われて遊ぶ余裕もなく、アメリカ人と議論しようと苦しんでいる夫は何なんだという気がしてきます。

官庁からの留学生たちは……

ちなみに警察庁からの留学者は毎年数人いるみたいですが、当然全員東大法学部卒のキャリア組、そして二〇代から三〇代前半です。当然彼らと家族が二年間遊んだウン千万円は国民の税金から出ているわけで、それだけでも腹立たしい上に、そんな彼らが警察という巨大な組織のトップになっていくかと思うと日本の未来は暗いんじゃないかという気持ちになります。若いうちから自分は特別だ、という強力な思いを植えつけてどうしようっていうんでしょう。それでも強い課題意識でもあればこちらで勉強するのでしょうけれど、なんだか彼らにはそのようなものは感じられないのです。

同じお金を使うなら、全国の高卒の警察官五〇人をハーバード大学のサマースクールに短期留学させ語学と一般行政かなんか取らせた後で、この近所の警察で一カ月地域実習させて地域サービスを学ばせればどんなにいいかと思います。なにしろ国家警察じゃなくて自治体警察ですから、こちらは。わがアーリントン町警察のおまわりさんは、日本では「緑のおばさん」がしている子どもの朝の交通安全確保からパレードの整理までなんでもやってしかもかっこいいんです。アメリカ人も喜びますよ、きっと。

警察庁だけなく各官庁からの留学組で遊んでいる人を見ると、このお金で練馬区役所の公務員を一〇人留学させた方がどんなにいいか、とか、学校現場の教師を留学させたほうがいいのに……とかいつも思ってしまいます。

ほかにも、一年で三万ドルという法外な授業料を取る「日米関係プログラム」というコースには、日本の大企業と官庁から毎年たくさんの日本人が来ているのですが、レセプションばかりが多くて勉強をしている雰囲気があまり感じられません。実はこのプログラム、研究所を維持するために「研究員」という肩書きを「売っている」といううわさがもっぱらで、しかも、ハーバード大学の日本語学科学生の日本語の練習台として、また、コネつくりのために日本人を受け入れているのではないかと疑う人さえいます。まあコネクションをつくるのも留学する意味の一つだとは思うのですが、少なくとも税金でやってほしいことではありません。通産省から来ている人は、どういうわけか、ＪＡＩＣＡに出向してこちらにくるというかたちをとっています。なんでこんな無理をして留学の機会をキャリア組に提供しているのかわかりません。

まあそういう人たちはハーバード大学卒の肩書きがほしい場合が多いのでしょうから、またそういった肩書きはある社会においてはとても意味があるものなのでしょうから、そういった人たちから高い授業料を取って金儲けをしているハーバード大学とはギブアンドテークの関係でどっちもどっちといえるのでしょう。

ところでそんなハーバード大学にたぶんたった一つだけ授業料ゼロのところがあります。それはなんとうちの夫の所属するヒューマンライツプログラムです。これは彼も所属して初めて知った、あまり知られていない情報です。ロースクール（法学部）の中の一つのプログラムですから、所属しているのは研究員ばかりで学生が入れるわけではないのですが、普通は客員研究員でもお金を払わなければならないのです。ちなみに大蔵省からも来ている隣の部屋の「国際租税法」プログラムは年二万ドル取るそうです。

なんでただかというと、各国の研究者や裁判官以外に、在野の人権運動活動家を招へいするためだそうで、そういえばパレスチナ難民の人権運動をしている人がひとり同じプログラムにいます。ただしプログラムを運営するお金は人権関係の基金などからまかなわれているそうです。また各国のホットな人権運動とコンタクトをとることはハーバード大のみならずアメリカ政府にとってもメリットがあるからやっているということです。もちろん戦略的な意味もあるのでしょう。もしわれこそは国際的な人権活動家と思う人がいたら、ここにトライ（英文の研究計画などで）してみれば、あなたももしかしたらただでハーバードの一員になれますよ。

ハーバード・ブランドの中身は？

そんな優雅な留学組に比べて、医学部に研究員として留学している日本人たちは、実験に携わっていても、研究室からわずかな報酬をもらっているか無給の場合が多く、日本からの貯金を切り崩して生活している人も多いということです。その多くは日本の大学病院を一応退職するかたちでこちらに二～三年来て論文を書いているのです。おそらくそこでは最先端の医学を学べるのでしょうし、研究室の方も外国人をそれだけ受け入れる余裕があるということなのでしょう。

ちなみに医学部留学組の妻であり、自らも女医さんである友人は、やはり日本の大学病院を退職してこちらに来ており、週二日だけ無給で専門の実験をしにハーバード医学部の研究室に通っています。本当は週五日通って形に残る仕事をしたいというのですが、それだと小さい子ども二人の保育料が月二〇〇〇ドル（約二〇万円強）とあまりに高すぎるため断念せざるをえない、と言っています。

全体的にハーバード大学で行なわれている学問・研究が果たして名に相当する高いレベルのも

のなのか私には判断できません。でもきっとすごいところはすごいのでしょう。夫がまず感動したのは、一八〜一九歳の新入生が最初に学ぶ教養学部の中の、今をときめくサンデル教授の「正義論」の講義だったそうです。大講義室に満杯の約五〇〇人の学生たちを前に、約一〇人のティーチングアシスタントを従えたサンデル教授がまるでショーのように行なう講義は、その領域の学問の最先端をいく水準のもので、さらに彼はそれしか講義を持っておらず全力集中している感じだったそうです。若い学生たちを対象にこんな贅沢なことをしているなんてすごい、と彼は思ったそうです。

でもきっとどんなことでもブランドが中味のすばらしさを完璧に保障しているわけではないのです。どうみてもブランドで夫を選んだんじゃないかな、というような人を見るにつけ、そして恐ろしいことに自分はそうではないと一〇〇パーセント否定できないわが身を振りかえるにつけ、そう思う今日この頃です。

8 レ・ミゼラブル

子どもが生まれる前、就職口もなく暇だった夫と私はよく深夜にビデオで映画を見ていました。でも二人は趣味が違っていて、共通してのお気に入り、という映画は数えるほどしかありませんでした。そんなまれな映画は何だったかといえば、なぜか、まさに古典の「サウンドオブミュージック」と、「ブルースブラザーズ」でした。

その二つに共通するテーマは「権力からとりあえず逃げる」ということなのではないか、というのが、私たちの意見の一致したところでした。すなわち、時代や背景は全然違いますが、かたやご存知「ドレミの歌」で有名なトラップ一家がナチスの弾圧を逃れ、アルプスを超えていく美しいシーンで終わる、アメリカのヨーロッパコンプレックスを全面に漂わせたような「サウンドオブミュージック」と、かたやアメリカ下層階級をかっこよく代表するようなブルース兄弟が、自分たちが出た孤児院を救う金を得るために警察やさらにご丁寧にネオナチからも逃げまくる「ブルースブラザーズ」と。

今思えば、「とりあえず逃げる」なんて、私たちの未来を暗示していたような気もするのですが……。まあ、両方とも、明るく楽しいミュージカル映画なわけで、私たちの共通の好みは結構そういうものなのかもしれません。

ニューヨークのミュージカルに感激

そんなことを思い出したのも、こちらでの大学の春休みに、ニューヨークのブロードウエイのミュージカル、なんと一二年も上演され続けている「レ・ミゼラブル」を最近初めて見て、二人ともいたく感動してしまったからです。家に帰ってからCDを買って聞いているのですが、二人とももう一度見たい気持ちでいっぱいなのです。

見る前は、有名な、パンを盗んで一九年間牢獄に閉じ込められたジャン・バルジャンの物語を想像していたのですが、実際ミュージカルを見ると、確かにまあそういうストーリーなのですが、全体のテーマはなんといってもまさに「革命」という感じだったのでびっくりしたのでした。何でもこの製作者は、キリストの最後を描いたロック・ミュージカルの名作「ジーサズ・クライスト・スーパースター」を見て感激して、「レボリューション（革命）」というミュージカルを作ろうとしたところ、失敗して、企画を変えて大当たりしたのがこの「レ・ミゼラブル」なんだそうです。

ミュージカルを見た後、娘の児童文学全集から原作を読みなおして比較してみました。ビクトル・ユーゴーの描く原作の、運命に翻弄される人々や人間の成長といったダイナミックな物語の部分は、ミュージカルでは最小限に押さえられ、一方で、パリで自由を求める若い学生たちが立ちあがりバリケードを築き、やがて軍隊に弾圧されて死んで行くストーリーに重きがおかれているのがよくわかりました。

でも私が今回何十年ぶりにビクトル・ユーゴーを読んですごいと思ったのは（もっとも昔読んだのはジュニア版なのですが）、パリでの革命のシーンがやたらにリアルで、どうみても同時代に生き、それを体験した、あるいは近い時代に生きた人の感じた臨場感としか思えないような場面がたくさん出てくることでした。市民や学生の反乱は、戦力や補給で絶対的に優位な軍隊によって常に全員が殺されるものと想定されて、それでも行なわれること、ただし、もしもそれによってパリ全体でいったん「革命」という「大天使」が立ちあがった時には、軍隊といえどもなすべがないこと。そして学生や市民たちの築くバリケードのなかにある青春や夢といったもの。ユーゴーはそれらを見事に描き出していて、さらに、この革命の物語だけではなく他にもいくらでもサイドストーリーが描けそうなところは、さすが「文豪」といわれるだけある、とこの年にしてはじめて納得したのでした。

そして、この主題の絞り方や描き方から見て、ミュージカル製作者はどうみても一九六〇年代後半から七〇年代にかけての大学紛争を経験した人としか思えないし、日本人でもこの世代の人が見たら自分の経験と重ねあわせて感動するだろうなあ、と思いました。

アングリー・メン（怒れる人々）はどこにいるのか

そして、最後に満場のスタンディングオベーションがしばらく終わらなかったほど、その日の歌や演技はすばらしいものでした。偶然にも、夫と子どもの人権運動を一緒にしていた日本の弁護士さんが春休みの家族旅行の途中で観劇に来ていたのにばったりとお会いしたのですが、彼は興奮して「こんなところであなたに会えるなんて天の啓示にちがいない」と言っていたぐらいすばらしい舞台でした。

何といっても「Do you hear the people sing, singing a song of angry men?（怒れる人々の歌が聞こえるか）」という有名な革命のコーラスが圧倒的なのですが、生でその歌を聴いて感動しながらも、ちょっと複雑な気分になりました。確かに俳優たちが革命の芝居や歌をするのは、イギリスやフランスで革命をした本物の子孫たちがやっているわけですから、ぴったり決まるわけですが、それを彼らはあくまで彼らの過去の話として演じ、そして、ほとんどの観客も輝かしい自分たちの過去の話として受け入れて感動しているのではないかなあ、と感じたのです。まあ大学紛争の時代に青春を送った人々は自分の少し前の体験と重ね合わせるのかもしれませんが。

でも、現在、このアメリカのどこに「怒れる人々」、そして団結して自分たちを虐げる権力と戦っていこう、と思っている人がいるのか、疑問に思ってしまったのです。確かに虐げられているマイノリティの人たち、貧しい黒人やヒスパニックたちは無数にいます。でも彼らは「怒れる人々」たりえているのでしょうか。果たして、彼らが何に対して怒りを抱くべきなのか、そして何と戦えばいいのか、いっこうに見えてこないのがこのアメリカの社会の現状ではないでしょうか。まあ、そもそも彼らはこんなミュージカルなんて見にこれないのです。そして同様に、ミュージカルに足を運べるような多くの裕福なアメリカ人たちは、自分たちが実は「虐げる側」なんだということをまったくイメージしていないのでしょう。まあだから能天気に感動できるわけでもあるのですが。

アメリカの貧しいマイノリティたちが連帯できない理由として、地域の日本人プレイグループの母親、葉子さんの夫、アルメニア移民の子で、現在カレッジの政治哲学の先生をしているハンクは次のような話をしてくれました。

「アメリカは、次々に新しい国の移民たちが時間差をおいて流入するため、彼らの間の連帯が困難だったのです。なぜなら、たとえば黒人労働者たちが団結してストライキをしたとします。すると経営者は貧しい韓国人労働者たちを雇用してスト破りをさせるのです。同様に次は韓国人がストをしたら、別の少数民族を雇えばいいのです。このような状況の中で、各民族の間に憎しみの感情や対立は生まれこそすれ、人種や民族を超えて連帯していくといったことは不可能になります。何年か前の、西海岸での黒人たちの暴動の時、攻撃の矛先はまず韓国人の商店の襲撃に向けられました。本当に彼らが戦わなければならない相手は別のところにいるのに。このようなことを背景にして、アメリカではまともな労働運動が育たずいびつな社会になっていったのです。でも経営者の側にはとても有利な社会です」と。

この話を聞いてとても納得してしまったのです。たとえば、ここへ来た日本人は、まず、子どもの保育料金がべらぼうに高いのに質が低いこと、医療保険が高く、それを持てない貧困層が大量にいることなど福祉の貧困に驚くと思います。でも、考えてみれば、たとえばある移民たちが自力で努力してある程度の豊かな生活を得た後で、次にやってきた他の民族の移民たちに、最初から福祉を提供してやろうなんて思うわけはないのです。彼らはきっと言うでしょう。「俺たちは死に物狂いでやってこれだけの生活を手に入れた。おまえたちも死に物狂いで努力しろ」と。でも先に来た人々は、後から次々来る民族をどんどん搾取できるわけですから、貧富の差は開いて行く一方なわけです。それでいて、「努力すればマイノリティでも成功する」みたいな万に一つぐらいしかないサクセス・ストーリーをよくあることみたいに宣伝するわけですから、本当にいやらしい社会です。

労働運動が衰退すると……

ハンクも、アメリカ社会はまるで「宝くじ社会」のようなもので、貧困層は自分だけ宝くじにあたりそこからぬけがけして這い上がることだけを目指し、決して横の連帯をしないいやな面があることを指摘していました。彼は、歴史の中で虐待され続けてきたアルメニア人（恥ずかしながら彼と会ってトルコと隣接するその国の存在を初めて知ったのですが）という存在にアイデンティティを持っていて、普通のアメリカ人とは違った視点で話ができる人なのです。

そこで思い出したのが、最近こちらにおられる日本の公立学校の校長だった方にうかがった次の話でした。

「私が教師になった一九七〇年代はじめ、国鉄労働者の住む団地の小学校に勤めたことがあります。そこでは、当時、国鉄の労働運動がさかんだったことを背景に、労働者の奥さんたちのつながりも強く、月に一度、土曜日の午後の教育雑誌の読書会には何十人ものお母さんが勉強にやってきました。彼女たちは連帯していて、教師も同じ労働者だということで、たとえば力量のない新任教師などは、親たちがみんなで支え合って助けて行くようなところがありました。

しかしその後、七〇年代も過ぎ、労働運動が衰退して、さらに受験競争の風潮が強まって行くなかで、母親たちの連帯のようなものもなくなって行きました。その結果、親たちは力量のない教師がいると支えるどころか、教育委員会や校長に訴えて担任を変えることをすぐに求めるなど、個人攻撃をするようにすらなっていったのです」

労働運動の分断が、母親たちの関係の分断につながり、そして教師と親の関係も分断されて行った、という象徴的な話です。確かに、受験競争というのはまさに自分だけぬけがけすればいい、というまさに宝くじ、私利私欲の権化のようなところがあります。そして、それを構成しているものたちの連帯感がなければ学校というところはギスギスした空間に転じてしまうのかもしれません。

支え合う地域の学校

でも、アメリカの学校に目を転じてみた時、少なくとも娘の通うアーリントン町立トンプソン小学校を見ると少し励まされる気持ちになるのです。ここは、町の公立小学校の中では一番親の平均所得が低い学校です。なぜならば地域に低所得者向けの公共住宅があり、貧しい移民家族などが住んでいるからです。しかしながら、親の平均階層が低いにもかかわらず、州の統一テストの平均点は町で二番目に高く(一番は白人が多い高級住宅街の学校です)、それだけここは教師たちがんばっている学校なのだと、マックガーベ校長は力説していました。

かつて、この地域は貧しいカソリック系アイルランド人労働者たちのコミュニティだったのだそうです。校長自身、地域の貧しいアイルランド人家庭からやっとカレッジに進学した数少ない一人だったのだそうで、熱意あふれる人です。彼の人柄を慕って他学区から越境してきたという家もあります。そんな、地域が学校を盛り立てていった歴史や伝統が少しだけ残っているような学校なのです。

例えば、うちの学校には、世界中約五〇カ国出身の子どもたちがいるのですが、彼らとその家族を主役にした「インターナショナル・フェスティバル」という行事があるのは、町でここだけなのです。これは各国の料理や工作や芸能などを、その国出身の親子が展示したりみなに体験させたりする学校最大のお祭りで、この日ばかりは、公共住宅に住む移民の家族たちも自分たちの文化を思いきり誇れる日なのです。

もちろん、「アメリカ」というのも参加国の一つになるわけです。ほかの学校行事、例えば「科学・数学フェスティバル」等には来ないような彼らも、この日ばかりはやってきて一日楽しむのです。

そして日常の教師たちにも、移民や外国人の子どもたちをわけへだてせず一緒にがんばって行こう、といった気概が感じられ、あるいは古くからいる親たちの連帯のようなものも感じられます。もしかしたらアイルランド人コミュニティというものの質が高かったのかもしれません。カソリック系アイルランド人の出世頭といえばケネディ大統領で、彼もマイノリティの権利拡大に積極的だった人ですから、そういった伝統があるのかもしれませんが、詳しいことはわかりません。

だからといってマイノリティたちの横の連帯があるわけではありません。公共住宅の住民の異民族間での交流はなさそうだし、近所の少し裕福なレバノン移民家族は階層の高い他学区に越境入学しているし、公共住宅の存在がいやだと、郊外に家を買って出て行ったアラブ人家族もいます。自分たちが公共住宅組と一緒にされるのがいやなのだと思います。そんな話を聞くと少しさびしいです。

でも、私には、娘にとって、少し勉強の進度の早い学校や、行儀の良くなる学校を選ぶよりも、トンプソンのような学校で、いろいろな国から来たいろいろな階層の子どもたちと友達になり、協力して何かをやっていくことを学べるほうが何千倍もすばらしい宝物であるとしか思えないのです。彼女が大人になって社会でなにかをしていく時にも、かつてともに遊んだハイチ移民のガーベンやパキスタン移民のフィンたちと仲間だということを忘れずにいてくれたらどんなにいいか。きっと地域の公立学校の「善さ」とは、そんなところにあるのでしょう。階層や人種を超えた連帯の芽は結構そんな良心的な公立学校（数は少ないけれどアメリカには確かに存在する。そして日本にもあるはず）にあるのかもしれません。

それにしても「レ・ミゼラブル」は私たち家族のどんな未来を暗示しているのでしょう。

9 スタンダード

生徒による州統一テストのボイコット

ボストン近郊に住んではや九カ月、でも、まだアメリカの新聞を娯楽として読むようにはなれません。英語力の問題なのです。新聞やテレビのニュースを見るのは、単に情報を得るためだけではなく、リラックスして楽しむためだったんだ、と今さらながら思い知らされました。

でもわが家でちょっと無理して取っている――本当は日本の新聞を取りたいところなのですが――ボストングローブを唯一食い入るように見るときがあります。それはMCAS（エムキャス、あるいはマスキャスとよばれているマサチューセッツ州の学校評価システム、Massachusetts Comprehensive Assessment System の略）の記事が出ている時です。近年導入されたこのテストは、第四、第八、第一〇学年（日本だとだいたい小四、中二、高一〜高二にあたる）の全生徒を対象に、英語、数学そして理科（高学年は社会科学も）の州統一テストを行うもので、各学校ごとの平均点などが公表されるのです。

学校教育関係で最も新聞をにぎわすこのMCASについて、ボストングローブはどうやら批判的なスタンスを取っているようです。四月に英語のＭＣＡＳが行なわれた翌日の新聞の一面には、「I am not a number.（私は数字ではありません）」というプラカードを持つ、テストをボイコットした女子高生の写真が大きく出ていました。彼女の表情が「命にかけても……」といった感じの真剣なものだったのが印象に残りました。もっとも第一〇学年はこのテストで一定の点をとることがハイスクールの卒業要件にもなっているのでボイコットする側は自分の将来をかけてでも……と必死なのだと思います。

新聞によると、わが町アーリントン高校の数十人を含む、レキシントン、ケンブリッジというこの辺の三自治体で数百人の生徒がテストを受けるのをボイコットしたのだそうです。そのほとんどが高校生だそうですが、ハーバード大のあるケンブリッジ市では、なんと第四学年、つまり九歳や一〇歳の子どもたちもボイコットしたのだそうです。後でハーバードの学生に聞いたら、その子どもたちは家庭で両親と話しあった上でボイコットしたので、家庭の方針ということでもあるのだそうですが……。

スタンダード（教育課程の基準）設定運動

教育法が専門の夫は、これからこの手の問題の教育裁判がどんどん増え、憲法問題として論点が深まっていく、と言ってひどく期待をしています。ひとの不幸をなんだと思ってるのでしょう。でも、マサチューセッツ州に限らずアメリカ全土の多くの州や都市で、この統一テストの導入、というのは今大きな流れになっているようです。もっとも騒がれるのは、統一テストばかりなのですが、この背景には、大きな「スタンダード（教育課程の基準）設定運動」の流れがあるのです。すなわち、自治体独自のスタンダード（教育課程の基準）を定め、それが定着したかどうかを統一テストで判断し、きちんとスコアが取れれば、それが教師・学校の親に対する「アカウンタビリティ（説明責任）」であり、さらにそれによって教師の「専門性」も高まって行く、という一連の運動なのです。それを強く推進し巨額の資金を提供しているのが、多くの場合、地域の企業、財界であり、「優れた労働力養成」ということが背景にあるのです。なんだか日本の一九六〇年代初頭の全国一斉学力テスト導入期のような話でしょう。

アメリカへ来る前は、アメリカの教育と言えば、バウチャーとか学校選択とかいわゆる「市場原理・自由競争の導入」的な制度が巾を利かせているのではないか、というイメージがあったのですが、少なくともマサチューセッツおよび多くの州では、どうやらそうではないようです。

さらに言えば、例えば学校選択制度のメッカと思われたニューヨーク市においても、最近注目の教育における改革動向（少なくともハーバード大教育学部の「一押し」実践）は、学校選択ではなく、〝学区に基づいた教育改革〟という、日本で言えば地域教育運動のような地道な校長・教師たちの集団の実践運動です。また、最近オハイオにおいて、私立の宗派学校に対するバウチャー制度の適用が、私的な宗派への公費支出ということで宗教的中立性を侵すことになるから連邦憲法に違反する、との判決が出、さらに、フロリダではバウチャーによって公立学校間で競争が生じ、「ダメ」な学校が明らかになって、結果として生徒がその学校から逃げ出したことが、州憲法に定められた政府の教育条件整備義務に違反するとの判決が出るなど、バウチャー制度にかつてほどの勢いはなく矛盾が噴出しているようです。

そんな中で、この春学期にハーバード大教育学部で私が聴講した講義はロバート・シュバルツ教授の「スタンダード・ベースド・ムーブメント（教育課程の基準に基づいた改革運動）」というまさに最新の動向の話だったのでした。

ハーバード大教育学部の授業では……

ハーバード大では他国からの客員研究員や客員教授の配偶者は、その夫あるいは妻が所属する学部の講義を聴講できる制度があるのです。ただし講義を行う教授らがＯＫを出した場合ですが。うちの場合、夫は法学部に所属しているのに、私は教育学部の講義をとりたかったので、制度が適用されるかどうか教育学部の事務に相談したところ、教授がＯＫを出せば構わないだろう、とのことでさっそく自分の専門領域に近い二つの講義について手続を取ったのでした。でも片方の先生からは「基本的に聴講は取らない」と断られ、「歓迎します。議論にもどんどん参加して」と返事をくれたシュバルツ教授の講義のみ、週二回二時間ずつ出席することになったのでした。

でも初日に教室にはいってびっくり。ゼミ室に学生がたった一五人くらい。いつも膨大な量の論文を読んできてほとんどディスカッション、そしてグループによる地域事例研究とその発表、というハードな授業だったのです。しかも一人だけシンガポール文部省から来ている女性がいる以外、アメリカ人一三名とイギリス人一名、つまり全員ネイティブの英語圏の人々なのです。はっきりいって「つらい」の一言。こんなに英語ができなくて出ちゃっていいのかしら？　という日々でした。

きっとこんな私を喜んで受け入れてくれたのは、シュバルツ教授が純粋なアカデミックな出自ではなく教育行政官あがりで、誰にもフレンドリーな人だったのと、後でわかったことなのですが、彼はスタンダード設定運動においては日本の教育制度が一つのモデル、と考えていたことが大きかったように思えます。

アメリカ人の学生は一人がケネディスクール（総合政策学部）、一人がMIT（マサチューセッツ工科大学）から聴講に来ているほかは、全員が教育学部の一年制のマスターコースの学生で、おそらくほとんどが各地での教職経験者、そしてさらにステートアップするために入学しているようです。彼らの多くは卒業後、校長になったり教育行政官になったりするようですが、例えば、たまたま娘の小学校に「校長実習」にきていたテキサス出身のミンディーは、卒業後、ワシントンに行って教育関係の圧力団体に入り、将来は政治の世界へ、という野望を持っているということでした。付け加えれば、こちらでは教師と校長とは全然別の職業で、こういったところで教育行政を学んだ専門の人が、若くても校長になっていくのです。

日本の教育制度がモデル？

そして、なんと講義の導入は、世界各国の子どもを対象に行なった数学と理科のテスト（TIMSS）のスコアの比較と、日本、ドイツ、アメリカという三カ国の中二の数学の授業風景の比較のビデオから始まったのでした。テストの点ではトップがシンガポール、日本が二位、そしてはるか離れて下位にアメリカ。また、ビデオでは、図形の授業で概念をきちんと説明して、コンピュータを駆使する教師が登場する日本の教室（まったく荒れていない整然とした東京の公立中学校の教室）と、練習問題を繰り返すだけの下手な教師が登場するアメリカの教室が対比され、日本の教育はいかに優れているか、という話が紹介されたのでした。

すなわち日本にはアカデミックな体系的な統一カリキュラム（すなわち学習指導要領）があって、学校教育は高い水準を維持している、しかも教師たちは学校内で学習・研究上、共同的な関係（どうやら校内研修を意味しているようなのですが）を日常的に持ち、高めあっている、というのです。

それに対しては、日本に留学経験のあるイギリス人デイビットから「日本の教育はそんないいものじゃない。受験競争はひどいし、こんな落ち着いた教室は少ない。子どもは塾で勉強しているんだ」という激しい批判があったほか、私もひどい英語ながら、

「日本の現行学習指導要領は過密で子どもの発達段階に合っていないと批判されるし、教師の校内研修はそりゃあ多少は水準を維持するのに寄与するかもしれないけれど、教師を統制する役割

りも果たしている。日本の数学教育の水準が高いのは、歴史的に民間の教育研究団体や教師たちの研究の蓄積が大きいからで、決して文部省が成功しているわけではない」と何とか自分の意見を言ったのでした。

でもそれにもまして、ビデオや論文でみるアメリカの教室の様子があまりにもお粗末で、しかもそれがアメリカ人学生の共通理解のようなので、びっくり。しかも普通のアメリカの教師たちは共同的に学習・研究する機会をほとんど持っていない、というのです。

日本の場合、文部省にしろ、民間教育団体などにしろ、一応、教育基本法に定められた教育目的の実現のために、ある程度体系化され組織だったアカデミックなカリキュラムのプランを持つ、あるいは考えているというのが常識でしょう。ところが、アメリカの場合、これまでは、そもそも州法などに定められた教育目的自体が「善き公民育成」といった道徳的なものであったりしたこともあって、まともにカリキュラムの体系性、科学性などがきちんと問われず、やたらと経験主義的なものに走ったり、低レベルなものになっていた、というのがスタンダード論者たちの考えなのです。例えば、歴史教育では「わが町の歴史」など一つのトピックをやたらと深めても、体系的な歴史の流れ全般など一切やらない（日本の戦後直後の経験主義学習のイメージ）といったこれまでのアメリカの学校教育の傾向を彼らは批判しているのです。

ただし彼らが主張するのは、全国で統一されたカリキュラムではなく、州や自治体ごとの統一カリキュラムであって、その点アメリカにおける教育の地方自治原則を侵すものではない、というのです。

凍りついた教室

最初は、この運動は、日本の学習指導要領のような硬直的な基準の導入により、学校教育をより競争的にするだけではないか、と考えていた私も、さまざまな実態の論文を読み、事例の話を聞くうちに次第に、アメリカにおいて、多少なりともアカデミックで体系的な教育内容の基準を設定しなければ……という教授の主張を理解できるようになってはいきました。ただし、それを評価する統一テスト、アセスメントテストの導入については、最後までまったく賛同できませんでした。

ある時、アセスメントテストの是非について全員が教授から意見を求められた時に

「その必要性がわからない。結局、学校や教師や生徒の序列づけになってしまうのではないか？　ＭＣＡＳに対する生徒たちの反対をどう評価するのか？　教育基準の定着度合いを見るならば、なぜサンプリングテスト（抽出テスト）ではいけないのか？　日本では一九六〇年代に全国一斉学力テストが導入されたが、すぐに廃止された。全国で教員組合や、教師、親や生徒による反対紛争が起こり、結局、全国で約四〇ほどの裁判が起きた。教師たちは、統一テストの導入が、教師の学問・教育の自由（アカデミック・フリーダム）を侵害することを懸念したのだ」

と思わず答えたら、何だか教室内が一瞬凍りついたように感じたときがありました。

（げ、まずいことを言った。）と思う間もなく、

「日本では全国共通アセスメントテストがあるのではなかったのか？」

「学習指導要領はあるけれど、その定着度合いを見る一斉テストはすぐに廃止されて、今はない」といった応答があり、さらに、かねてからアセスメントテスト反対論者のイギリス人デイビッドが

「アメリカの最近の動向はおかしいんじゃないか！」

と過激な（まっとうな）意見。するとアメリカ人学生たちの何人かが「ノット　トゥルー（そんなことはない）」と叫び出し、その日の討論は二〇分も延長されたのでした。

もっともアメリカ人学生の中でも、テキサスのミンディーなどは、テスト反対論者で、グループ発表でテキサスの事例を報告する時にも「Don't mess with Texas（テキサスをめちゃめちゃにしないで！）」という反対運動のTシャツを着て報告していました。何でもテキサスでは高得点の学校、教師には高い報酬、低得点の学校、教師には厳しいペナルティといった、きついアセスメントが導入され、相当に教育現場が混乱しているらしいのです。他にフィラデルフィアなどの事例でも、教員組合の生徒を巻き込んだ激しい反対闘争が紹介されました。英語がもう少しわかれば地域の事例など本当に興味深いのに、といつもくやしい思いでへろへろになりながら何とか講義の出席を続けました。

低い教師の社会的地位

マサチューセッツ州では、ＭＣＡＳの数学テストで低得点のクラスの教師を対象に、教師向けテストまで導入していくという州教育行政官のコメントがつい最近の新聞にのりました。でも、常識的に考えて、教師の処遇をもっと良くして、優秀な人材が教師になるようにしていけばいいと思うのですが……。なにしろ、アメリカが景気がよいこともあって、給料の安い公立校教師は魅力的な仕事ではなく、短年での離職者が異常に多いのです。彼らには夏休み、つまり七月、八月の間は給料が出ず(校長にだけは出るのです)、もちろんボーナスなんてないのです。その上、組合は純粋な労働組合で、日本の教員組合のように教育専門職としての教育研究活動なんてしないのです。もちろん、大学で修士号など取り直さなければ管理職への昇進の道もなく、本当に教える仕事が好きでなければ続けられない仕事なのでしょう。それに比べて、日本の教師は一応社会的地位も高く、比較的恵まれているんだろう、なんて思ってしまいます。この辺の教師たちのアセスメントテストの導入に対する反応は、間接的に聞く限りでは、教育活動がクリエイティブでなくなる、スタンダードが硬すぎる、といったものでした。

また、この辺の地域郊外エリアの親たちからは、それほど積極的にどうこういう声は聞こえてきませんが、学校の母親友達エリザベスは、アメリカの学校教育がどんどん競争的になっている、と憂えています。でも今後、いろいろなかたちでトラブルが出てくるのだろうなあ、といった予感はあります。社会の中でも、貧困層、学校教育をドロップアウトしがちな層がこのテストをどう受けとめているのか、またいつか述べたいと思います。

10 マイノリティのクラスメート

昨年の九月に、マサチューセッツ州アーリントン町立トンプソン小学校に入学した娘は、六月一九日の最終授業日で一年間の学校生活を過ごしたことになりました。キンダーガーテンとはいえ、アルファベットや計算などが始まるカリキュラムはほとんど日本の一年生レベルだと思います。今、思うのは、この学校に入って本当に良かった、ということです。でもうちの学校こそ世界一、と思っている親はそれこそ全世界的にたくさんいると思いますが……。

まあ、とにかく健康で一年間、登校できて良かった。予防接種で病院行きのための二日間の欠席と、最初の頃の登校拒否による約二時間の遅刻が一度だけ。その日は私が自動車学校の早朝クラスで、夫が学校へ送っていったところ、朝一番で書くお絵かきのテーマが英語でわからないから教室に入りたくないと駄々をこねた娘。そこで二人で学校の周りをぶらぶらしたということでした。

でも今では英語にもすっかり慣れ、何より最初は「アメリカ人こわい」と近づけなかったのに、クラスの全部の子どもたちとうちとけて、しっかり友達になったのは、最大の収穫だと思います。

その中には、何人か印象深いクラスメートがいます。

居場所としてのＥＳＬ

娘のクラス一七人のうち、アジア系の四人、ハイチ移民のガーベン、コロンビア移民のアンジューの計六人の英語以外の言語を主とする子どもたちが、通常のクラス以外にＥＳＬ(English as Second language)のクラスをとっていました。もっとも、そのうち二人の中国人の子どもはアメリカ生まれなので、日常的な英語には不自由していませんでした。子どもによって授業の曜日が決まっていて、一度に二〜三人ずつ通常の授業と平行して、キンダーのすべての教室に面するオープンスペースに設けられたＥＳＬのコーナーに呼ばれて、美術と語学の修士号を持つ——夫に言わせると全教員の中で最も知的な——アン先生の授業を受けるのです。娘はいつも、隣の組の、かわいいターバンをまいたインド人のインドジョーというそのような名前の子と二人で授業を受けていました。

娘にとっては、なぜかこのＥＳＬが、学校のすべての教科の中で最も好きな時間だったようでした。おそらく、アン先生が大好きなお絵かきや工作をとり入れた英語学習をしてくれたからだと思うのですが、何よりも、間違ってもなんでも、外国人の子どもをそのまま受け入れてくれるような授業の雰囲気が良かったのだと思います。英語を修得するのに苦しむ、というのでは全くなく、例えば、黄色と赤を混ぜるとこんな色になるんだよ、といった大好きなことを英語でやっている、という感じでした。もちろん、子どもの進度によって教育内容のグレードは細かく分かれているようでしたけれど。ここで英語を学ぶのは、単なる同化の手段だけとは言いがたく、外国人の子どもたちの居場所になっているんだ、と夫はさかんに言っていました。

娘が、学期の終わり頃、この授業でつくった本の表紙には、インドと日本と、そしてイタリア系のアン先生のためにイタリアの三本の国旗を並べて立てたボートの絵が書いてありました。彼女にとって、三人は本当にいいチームだったのでしょう。そして、最後の授業には、親の知らないうちに、自分でビーズでつくったブレスレットと指輪と、自分のきれいなプリント地の三角巾を先生にプレゼントしていました。アン先生はそれを全部身につけて――三角巾は首に巻いて――授業をしていました。

いい子にはスティッカー

それに比べると、担任で、おそらく三〇歳前後のミセス・ホフメンはちょっと厳しい先生でした。いつもにこやかで、さっぱりした気性で私と気の合った彼女は、一般の親にはとても評判の良い先生でした。わが校の非公式の、親による教師選択制度（地域の親たちはなぜか事前に教師候補者のリストを知り、この先生が良い、担任はこの人に、などと校長に電話をしたり、中には面接に立ち会う親もいるという恐るべき制度があるのです。私たちも、地域の親とうちとけてきて初めてその「影の制度」の存在を知ったのでした）では、積極的に選ばれる人気教師だったのです。

しかし、彼女はちょっと「逸脱」した子どもの行動には結構うるさかったのです。アメリカの教室ってどこでもこんな厳しいしつけ主義なのでしょうか？　もっとも体罰をしたり怒鳴ったりするわけではないのですが……。

夫と私がちょっとへきえきしたのは、彼女の「スティッカー（シール）」好きでした。その日の最後に、一日学校でいい子だった生徒にはスティッカーを一枚あげ、「悪いこと」をした子にはそれをあげないのです。その結果、スティッカーが一〇枚たまると「テン・スティッカーズ」ということで、先生から景品のおもちゃや文房具がもらえる、という日本人の私たちから見ると信じられない制度なのです。「悪いこと」とは友達を押したり、けんかしたり、あるいは悪口を言って泣かせたりすることなど、集団生活のルールを破るいろいろなことです。ひどいけんかをした時などは、翌日お昼休みに外で遊ぶのを禁止、という厳罰もあるのです。ひょうきんだけど、自我の強い男の子、ジェーレンなどは思いきりこの外出禁止令に反抗していました。これらはいったいどんな生活指導論に基づいているのか聞いてみたいくらいです。

ところが、娘はすっかりこのスティッカー制度に順応してしまい、毎日一枚もらえるのを楽しみにする「良い子」をやっていたようです。たびたび夫が「学校でいくら悪い子にしてていいから、家でいい子になってよ」というと、「いやだ。スティッカーもらえないもん」と応えていました。彼女はそういう意味では先生のお気に入りなのでした。

この制度の犠牲になったのは、何といっても元気のいい男の子と移民の子どもたち、特に、その両方に該当するアンジューとガーベンは双璧でした。そしてパキスタン移民の女の子、フィンもでした。発展途上国からここに来た子どもたちの特徴は何といっても「ルール無用」ということなのだというのは、こちらに来て身にしみてわかったことの一つです。それは、いくら放任で育って来たとはいえ、一応のルールを守ることを学ぶ「文明国」日本育ちの娘からは想像もつかないものでした。「ルール無用」とは、苛酷な環境の中では強く行きぬいていける力なのでしょうが、少なくともアメリカの学校生活では咎められることなのでした。彼らは集団のルールよりは、例えば「ほしいものはとりあえず自分のものにする」「やられたらやりかえす」といった自分のルールを優先させてしまうようなところがあったのです。

そして、まじめな教師ミセス・ホフメンにとって、そういった目だった「逸脱」した子どもたちを「指導」するのは使命感に燃えることだったようでした。そしてさらにクラスの多くのアメリカ人の親たちには、そういった厳しい教師の態度を「熱心だ」と大歓迎するようなところがありました。

例えば、私たち夫婦から見れば、コロンビア移民のアンジューはちょっと乱暴だけど、不器用で子どもらしくて、誕生パーティーに呼ばれるとやたら元気な、夫がつけたあだ名が「華麗なるパーティー野郎」の気のいい奴でした。まあ英語が苦手でちょっといらいらしているような時もありました。でもミセス・ホフメンや一部の母親の目には彼は「攻撃的な問題児」に映っていたような気がします。

そんなアンジューが、年度の終わりに、他の組の白人の男子を骨折させる事件をおこしました。遊び場でその男子に追われた女の子が「助けて」と言ったので、かばって彼を突き飛ばしてたところ、大怪我をさせてしまったのでした。救急車が来て、アンジューは母親と校長室に呼ばれ、その後もきつい指導を受けていました。彼の親はその時から、すっかり学校に対して消極的になってしまったような感じでした。でも私たちには、アンジューは悪いやつには思えませんでした。夫は「アンジューには僕からスティッカー一〇〇枚あげるよって言って」と何度も娘に言っていました。

そんな彼はこの夏休みに家族でフロリダに越して行きます。そこには親戚がいて、もっと大きなコロンビア人のコミュニティがあるということです。競争の激しい東部のこの地域で暮らして行くのは、彼の親たちにとっても厳しいものだったのかもしれません。でも、クラスのサポートに行くと、いつも甘えておかしなことばかり言っていたアンジューを私は、そして娘も、とても好きでした。

ビーチに行けなかった二人

もう一人のクラスのかきまわし役は、クラス唯一の生粋の黒人、低所得者向けの公共住宅に住む五人兄弟の四番目、ガーベンでした。彼は最初は、教室内での集団行動に全くなじまない子どもでしたが、次第に、英語が理解できるようになってくるにつれ、お茶目な魅力を発揮するようになりました。誰かと話していると、いつのまにかそばへ来てボソッと英語のジョークを言ったり、女の子の帽子をかぶってみんなを笑わせたり。

なかでも週二回のスペイン語の授業では、スペイン語が母語のアンジューとともに、フランス系クリオ語が母語の彼は、歌に踊りにみんなを笑わせ、実に楽しそうでした。セニョリータと呼ばれる先生が、操り人形を使ったりして工夫を凝らしたこのスペイン語の授業は、みんなのお楽しみの時間で、さらに、外国生まれの子もアメリカ人も対等に学べるという点で貴重な時間だったようです。

しかしまじめなミセス・ホフメンにとっては、集団での活動になかなかなじまないガーベンはやはりちょっと悩みの種だったようで、時には勝手なことをするのを放置しておいたり、あるいは、たまに厳しく注意してすねた彼をなだめるために、補助の先生が付きっきりになったりしていました。

そんな彼が最も荒れた日、それは忘れもしない、夏休みも近い頃、学年全体でのビーチへのバス遠足の翌日でした。遠足は、多くの親たちもボランティアとして付き添いに借り出された一大イベントでした。私も夫ももちろん借り出されました。何人かの親たちは、仕事を休んで来ていたようですが、もちろん親がついて来ない子もいました。

でも、アンジューとガーベンはその遠足にはとうとう来ませんでした。数週間前からビーチに

関した教材を扱い、ビデオを見てみんな楽しみにしていた遠足だったのに……。なぜ彼らが来ないのか、ミセス・ホフメンに聞くことはできませんでした。彼女は遠足のお願いの通知を読んでこない（あるいは英語が読めない）ので、お弁当を作らないであろう親に代わって、五人分の子どもの昼食を用意してきました。そして、やって来た他の移民の子どもたちはそのお弁当を食べていました。

だから、たとえ親がボランティアに来れなくても、お弁当をもって来れなくても、アンジューとガーベンは、みんなと夏の海辺を思いきり楽しめるはずだったのでした。そこはボストンよりもっと北にある美しい遠浅の海岸で、本当に彼らが来たらどんなにはしゃいで遊ぶだろう、と思わせるような場所でした。

そして次の日、いつものように金曜日のサポートに行った私が見たのは、これまでに見たことがないような、額にしわを寄せた悲しそうな顔で、補助の先生がどんなになだめても勝手な行動を止めないガーベンでした。私と目が合うと、「もうだめなんだ」というように激しく首を横に振りました。彼は本当はビーチに行きたかったんだと思います。どうして彼らは来れなかったのか……おそらく、仕事があったり、小さい子がいたりして一緒についていけない彼らの親が、ちょっと「問題児」のわが子の出席を自粛したのではないかと推測するのです。アンジューの場合、骨折事件の直後だったこともあるかもしれません。悲しい思い出です。

アメリカ教育は自由?

まあ、言うことを聞くまじめな優等生が好きで、ちょっとはずれた乱暴な子どもを疎んじるのは、どこでも教師に有りがちなタイプで、何も彼女だけがそうではないと思います。ただ、彼らの個性をおもしろがる、とか、その個性を伸ばすというよりは、彼らをアメリカ社会に順応させ、社会化して行くことこそが大事で正しい道なんだ、と考えているような印象が強かったのです。言葉や文化のギャップから、あるいは家族全部がおかれているきついプレッシャーの中でいらいらすることが多いであろう彼らに対して、お前が悪いから、お前の性格を直さなければならないんだ、と訴えていっても、彼らがかしこく立ちまわれるタイプでなければ、追いつめていくだけのような気がするのですが……。

こんな時は、アメリカの公教育の目的は「善き公民の育成」で、特定の価値観を植えつけることにあるという夫の持論は結構正しいのではないか、と思ったりもしてしまいます。科学的で体系的な教育内容を学ぶことで個性的にそれぞれが人格形成していく、基本的には人間の内面形成は各自の問題であるといった日本の教育学における「あるべき」教育目的論のようなものが存在せず、公教育が内面形成に踏み込んで行き、親もわが子の性格をきびしく矯正するのは善である、といったような考えが跋扈しているのがこのアメリカの社会なのではないでしょうか。もちろん背景には、子ども性悪論に立ち、その矯正は善とするプロテスタンティズムの影響があるのでしょう。

でも私がこんなことを感じてしまったトンプソン小学校ですが、相対的にはとてもマイノリティの子どもや家族に対して配慮している学校である、ということだけはことわっておきたいと思います。以前も書きましたが、主に学区の公共住宅に住む五〇ヶ国以上の国からきた彼らのために準備された、数々のバラエティに富んだ学校行事は近くの学校には見られないものですし、熱心な校長や教師たちの意気込みも違うと思います。でもだとしたら、アメリカの普通の学校に行っているマイノリティの子どもたちはどんなつらい思いをしているのか、想像を絶してしまうのです。

一年を経て、アメリカの学校に子どもが早く適応する最大の秘訣は、親が白人に劣等感を持たず、ずうずうしく何にでも参加していくことだと実感しました。親の適応と子どもの適応はシンクロナイズしているのです。でもいくら劣等感を持つな、と言っても、常時マイノリティたちに劣等感を植えつけ続けているのがアメリカ社会なのではないでしょうか。解決の道はなかなか見えにくいのです。

11 ハンコック・シェーカーズ・ビレッジ——アメリカの文化はどこにある？

セイジ・オザワは、こちらで最も有名な日本人でしょう。そんな彼のボストンフィルハーモニー指揮生活もあとわずか、ということで、比較的彼の姿を簡単に拝観できる、夏のタングルウッド音楽祭にはたくさんの日本人がつめかけています。これはバークシャー地方という、日本でいうと蓼科か軽井沢みたいなマサチューセッツの避暑地にある野外音楽堂で、ボストンフィルが演奏する催しなのです。かくいうわが家も、せっかくの夏休み、でも夫も仕事で遠出する予定もなく、まあ一度は行ってみるかと、ボストンから高速で三時間弱のその町へ向かったのでした。

私は、安い芝生席の一番前に一列だけあるベンチで、古武士を思わせるようなオザワの後姿を何とか眺め、夫は、日本人会のツアーに混じってサインをもらい写真を撮ったくせに「何だ。ただのおじさんだ」と言っています。子どもたちは芝生席の後ろのほうでボール投げなどをして楽しんでいます。ここの芝生席は小さい子どもも入場でき、ワインや食事を持ち込んでピクニック気分で音楽が聞けるので、家族連れに人気があるのです。ただし後ろのほうはスピーカーを通しての演奏になってしまいますが……。

夕方、コンサートも終わり、まだ遊びまわる子どもたちを急がして帰っていく友人の家族の中、わが家は、私が車の免許を取って四カ月で(しかも夫は免許を持っていない)、これから高速で帰る勇気がないので一泊していくことにしました。タングルウッドの周辺はこじゃれた宿が多く、値段も高い上に連泊を要求されたりするので、インターネットで探した隣町ピッツフィールドのモーテルに泊まることになっていたのです。でもその町で思いがけない体験をしたのでした。

さびれた町のハンコック・シェーカービレッジへ

ピッツフィールドは、かつて豊かな涌水を利用した紡績業で栄え、それが衰退した後、アメリカ最大の電気会社ＧＥ(ジェネラルエレクトリック)が産業の中心となっている町だというのですが、何となく荒廃感が漂ってくるような町でした。その町外れのさびしいショッピングモールの前に、全米チェーン店の「トラベロッジ」、トラベルとロッジを組み合わせたいいかげんな名前のそのモーテルがありました。ここはインド系の人の経営です。後でアメリカ生活が長い友人に聞いたら、なぜか中の下のランクの宿はインド系経営者が多いということです。まあ値段が安い割には一応のものがそろっているただの宿かと思ったら、大間違い。

同じ敷地の、これまたいいかげんな作りのインドレストランが、宿泊者には割引をしてくれるというので何も考えずに夕飯を食べに出たところ、これが信じられないくらいおいしいインド料理だったのです。アメリカで食べる外国料理はみんなスパイスを抜かれ、本来持っているはずのインパクトを全部抜かれて、奇妙にアメリカナイズされた味気のないまずいものになる場合が多いのです。アメリカ人は、無臭無刺激こそが健康に良いと思っているのか、はたまた味がわからないのか、みんな冷凍食品のような味気のないものにしてしまいます。しかし、このレストランはインドそのままの味を守っていました。夫曰く「アメリカへ来てから一番おいしいものを食べた」。

感激して食べつづけるわれわれに、気を良くしたのか、インド人支配人は「この辛いカレーソースも試したら?」とサービスでいろいろ持ってきてくれます。

翌日、チェックアウトの時に、フロントのインド人に夫が「宿もリーズナブルで、料理は最高だった」とほめたら、「どこから来たんですか?」と、ちょっと世間話になったのです。「アメリカは好きか?」と聞くインド人に「一、二年住むのには良いところだけれど、永住する気にはなれない」と夫が答えたら、

「インド人も永住したいと思っていない。しばらく働けば十分。アメリカはカルチャーレス(文化なし)ですから」と神のような一言。

そして、車に乗ってもその一言に大受けしているわれわれが向かったのは、前から私が行きたかった市内にある観光名所ハンコック・シェーカーズ・ビレッジでした。ここはキリスト教の一派であるシェーカー教徒がかつて住んでいた村で、一九六〇年にあまりの人口減少のため、最後の住人たちがここを売り渡してメイン州の共同体に移住して以来、保存されてミュージアムになっ

ているのです。一九世紀の最盛期で約三〇〇人が暮らしていたという小さな村は、ひっそりと町外れの山のふもとにありました。

シェーカー教徒とは、有名な、近代文明を否定するアーミッシュなどと同様に、共同体を作って外界から離れて生活していたのですが、アーミッシュと違うのは近代文明をどんどん取り入れていたことだそうです。でも事前に、シェーカーという名前の由来が、礼拝の時に歌ったり踊ったりして宗教的興奮状態に陥った時に倒れて体をけいれんさせることから、揺れる（シェークする）人々として命名されたため、などという話を聞いていたので、何だかあやしいカルト集団のような気もしていました。だから上九一式村が保存されているようなものかな……などと変なことを考えていたのでした。でもそこでわれわれはまさに「文化」を見てしまったのでした。

洗練された家具や工芸や住居

そこでまずわれわれが見たのは、機能的で高度に洗練されたデザインのシェーカー家具と呼ばれる椅子やテーブルや柱時計などです。この家具は現在でも作られ、高価だけれど通信販売などで非常に人気があるとか。もっともシェーカー教徒自身が作っていないのかもしれません。椅子は、座る部分が幅広の色違いのひもを組み合わせてチェックになっているデザインが特徴的です。繊細に見えるけど、とても丈夫だそうです。さらに木を薄く切って曲げて細工した、日本の工芸品のようなさまざまな容器や、やはり日本の細かい竹細工のようなバスケットも技術的にとても優れていて美しいのです。昔作られたバスケットなどには、細かい網目や、特徴的な形が芸術的なものも見られました。

また、あまり人のいない村の中を歩いて行くと、中心部に石造りの円形の巨大な建物が目に入ります。これは何と牛小屋で、シェーカーたちは酪農業を重視していたのだそうです。内部に入ると多角形に木材を組み合わせて建築された三階構造の建物はやはり芸術作品のようです。百数十年の間、ここで牛を飼いつづけていたのですから、臭いなどははっきりと感じられるのですが、何といってもこんな気合いの入った牛小屋建築はみたことがありません。内部を清潔に保ち、牛が快適に過ごせるようなさまざまな工夫もこらされているのです。もちろん彼らの共同住宅も洗練された煉瓦づくりの大きな建築です。何といってもふんだんに置いてある家具類があまりにすばらしいので、普通の部屋でも際立って見えてしまうのです。彼らは徹底した男女平等主義と男女分業を貫いていたということで、男性の作業場である家具工場や鍛冶場、そして女性の仕事場の共同家事場なども、つい最近まで彼らがそこで働いていたかのような、機能的な仕事のしやすそうな感じが伝わってきます。

彼らはピューリタンのような結婚による核家族を作らず、いくつかの教会を中心とした数十人の大家族を形成して家事労働も共同化し、そして報酬や生産物も平等に分配していたのだそうです。とても不思議なのは、生涯独身主義、性行為の禁止をモットーとしていたということです。子どもは、よそから孤児を集めて来たということらしいのですが、この辺のことはいまひとつよくわかりません。子どもを作らないで一つのコミュニティが一五〇年も存続するなんてちょっと想像もつかないのです。そして、食事は、共同の大きなダイニングルームで何十人かが一緒にとっていたそうですが、その美しいダイニングもそのままに残っています。

アメリカの歴史的な観光名所——たいてい独立戦争の——は、醜悪なレプリカの建物や船に当時の扮装をしたガイドなどがいて能書きをたれるといったタイプのものが多いのです。何といっても白人には二〇〇年ちょっとの歴史しかない国なのですから、語りで補うしか仕方がないと思うのですが、この村は違っていました。人間は消えていても、建物や家具は、ここにどんな精神構造や美意識を持った人々が住んでいたのか雄弁に語っているようでした。

ピューリタニズムが席捲したもの

シェーカー教は一七四七年イギリスのマンチェスターでマザー・アン・リーによって創設され、最盛期にはアメリカに一九のコミュニティがあったそうです。ここは信者の土地寄付により一七八三年にできた三番目のコミュニティだということです。最初に大陸にやって来たピューリタン(清教徒)たちもイギリス国教会の迫害のために新天地をみつけてきたわけですから、国外追放された当時の少数派の宗教という点では、それらの宗教の当時の立場はそんなにかわらなかったのでしょう。ここアメリカには、新天地を見つけて住んでいる「少数派」宗教グループはくさるほどあるはずです。ちなみに、今でも近代文明を否定するアーミッシュなどが「少数派」としてよく知られていますが、彼らはこちらでは優れたキルト製作技術で有名です。

何はともあれ、一八世紀から一九世紀初頭にかけて、シェーカーのコミュニティは大規模な農場経営、家具製作や薬草販売などで、経営的に成功し発展していたそうです。きっと当時の水準からみて彼らの技術はすばらしいものだったことが推測されます。ピューリタンたちの当時の文化がそんなに優れていたとは思えないのです。

でも、次第に変化が訪れます。ピューリタンたち、すなわち多数派を占める人々を中心にした近代的な資本主義の発展がコミュニティの外の世界で急速に進むのです。余談ですが、以前から、資本主義の発展を支えたのはピューリタニズムの精神である、という社会学者ウェーバーの有名な仮説は本当に正しいことを、アメリカに来て実感していました。彼らの末裔は本当にお金儲けが好きな人たちです。仕事を通しての自己実現こそ神の意志、というのはあいかわらずこの国の根本的な理念だと感じるのです。

初期の典型的なピューリタンは仕事以外の娯楽、アートやダンスも禁止していたそうです。彼らは禁酒も禁タバコも平気でしちゃう、きわめて「合理的」な精神の持ち主です。ついでですが、そのおかげで、わが家のあるアーリントンや近辺の町はドライタウン（酒が買えない町）なんです。さらに彼らは性悪説に立ち、子どもから悪を追い出す——懲治する——ためには体罰を良しとする心性の持ち主です。それで今でもアメリカの何州かは教師の体罰を肯定しています。ピューリタニズムはアメリカ社会にしっかりと根づいているのです。

そんなピューリタンたちを中心とした大工場の大量生産の出現にともなって、昔ながらの生産形態を保つシェーカーの経営は衰退して行ったということです。パンフレットには「後に産業革命などのコミュニティ外部の圧力によりその継続的な成長は阻まれ、コミュニティの多くは維持できなくなり、閉鎖に追い込まれていきました」と書いてあります。本当にそれだけの理由でこれらのコミュニティが衰退していったかどうか、検証する能力は私にはありません。まあ、そもそも子孫を再生産しないというのも相当無理があると思うのです。でも少なくともここの繊細で優美な手工業文化は、外の社会の大量生産の文化によって席捲されていったとはいえるのでしょう。

アメリカ文化に欠けるもの

だとしたら、結構怖いのは、資本主義の発展の中心になっていたアメリカのピューリタンを中心とした「多数派」は、前段階として、手工業の高度な発展の歴史を欠いているのではないか、ということなのです。

例えば、日本では江戸時代までの長い長い封建制度の下で、高度な手工業やさまざまな芸術が発展して来た歴史を持っています。そういった長い歴史の中で養われた手作業の技術や精神が、近代以降の日本の技術の発展とは無関係だとは思えないのです。例えば、外国に来れば、日本は、目に見えやすいところでは、トヨタ、ホンダ、(雪国ボストンはスバル・レガシーも超人気車ですが

……）そしてソニーの国なのです。あきらかに、日本が他の国から群を抜いて優れた性能の車や電化製品を作り上げて来た背景には、歴史の中で培われた精神や技術に対する感性や優れた美的感覚などがあるのではないでしょうか。これはきっと、同じように手工業の長い伝統を持つイタリアやフランスなどのヨーロッパ諸国の技術についても同じようなことが言えるのだと思います。

でも歴史の浅いアメリカでは、手工業の高度な熟成なしにいきなり大工場での近代的な生産が始まってしまったために、何か本質的な部分で欠落してしまっているものがあるのではないでしょうか？　生産が文化的な高まりを伴う経験を欠いている、というのは、何か決定的に間違っているのではないでしょうか？　われわれがアメリカの文化に接して、醜悪なものが多いと感じるのは、そこに原因があるのでは……、などといろいろなことを考えてしまいます。そもそも多数派のアメリカ人は、醜悪なものと美的なものの区別ができるのかどうか、疑問なのです。もちろん中には、優れた美的感覚を持つアメリカ人がいるのを知っていますが……。

そして、気になるのは「多数派」アメリカ人というものが、どこかで自分たちの文化が実は劣っていることに深いコンプレックスを持っていて、他に優れた文化があると、それを踏みにじりたくなる、あるいは奪取したくなる傾向があるのではないか、と感じた事です。かつて、文化的に高度なシェーカーのコミュニティに対してたぶん圧倒的な力でそうしたように。今、世界的な規模でそういうことをしようとしている、自分たちの枠組みや価値を押し付けていこうとしているのがアメリカなのではないでしょうか。

12 娘の長い長い夏休み

ここボストン近郊の町、アーリントンでも長い長い娘の夏休みがようやく終わろうとしています。六月一九日に終わり、九月七日にようやく始まる小学校。日本のような夏休みの宿題などというものはなく、校長を除いて教師の給料も出ないというまさに、学校生活が完全に空白となる期間なのです。

まわりの日本人家族が、お決まりのフロリダのディズニーワールドやロッキー山脈、さらにはグランドキャニオンなどへの大きな旅行にせっせと出かけるというのに、わが家は、論文の仕事をしつづける夫と、集中講義で七日間だけ日本へ帰国した私の都合のために、六歳の娘は近所のサマーキャンプやサマープログラムへ通いつづけ、近所の友達と遊びまくる夏となってしまいました。

盛んなサマーキャンプ、サマープログラム

さすがにアメリカ人家族にとってもこの長い夏休みの子どもの過ごし方は大変な課題と見えて、

こちらでは夏休みのサマーキャンプやサマープログラムがとても発達しています。キャンプといっても何週間か子どもが親元を離れ泊りこむものから、毎日家から通うデイキャンプなどいろいろな形態があります。高い授業料を取る数学キャンプや、バイオリンを一日六時間弾きつづける音楽キャンプがあるなどということも噂に聞きました。

アメリカに来る前に「サマーキャンプの予約はその年の二月頃に始まって、人気のあるものはすぐいっぱいになってしまうから、気をつけて」とアメリカ人のお母さんから忠告されていました。そこで冬の寒さが厳しい二月頃、アメリカ生活が長い日本人のお母さんに「サマーキャンプはどうする予定?」と聞いてみたのです。そうしたら彼女曰く、

「うちはいつも小学校の二人の娘をメイン州の自然の中での泊りがけのキャンプに行かせているけれど、そこはとても人気があるの。前の年の九月に、リピーター対象の募集があって、その時点で申し込んだけど、すぐいっぱいになってしまったみたい」という応えが返ってきて、そこまで募集時期が早いのか、とびっくりしたのでした。

あわててインターネットでサマーキャンプについて調べてみたら、それこそ山のような情報量でした。また、泊りがけの民間のキャンプは結構値段が高いものなのでした。そこで、娘の通うトンプソン小学校のアメリカ人の知り合いの親たちに、夏休みにどんなキャンプやプログラムを取るのか片っ端から聞いてみました。そうしたら、さすがに中流の中の町、わがアーリントンの親たちに一番人気があるのは町のレクリエーション部局が主催する公立のプログラムだというこ

とがわかりました。また、母親がフルタイムで働いている家庭では、子どもをあずける手段、日本の学童保育のかわりとしてフルデイのキャンプを利用するけれど、そうでない家庭は、短時間のプログラムをとる傾向があることもわかりました。

まあ、そんなに高価な民間キャンプに子どもを送り込む家族がそうそういるわけではなかったのです。ということで、うちの娘も近所の仲の良い男子クラスメート、プエルトリコ系とギリシア系のハーフのヒーヤオと共に、いつも通うトンプソン小学校を会場として行なわれる「キッズコーナー」というプログラムに、半日で二週間ずつのタームを三つ、併せて六週間通うことになったのでした。五月一日の募集開始日に申し込んで、これもすぐ定員いっぱいになってしまったようです。

それ以外にも、娘の強い希望で、二週間の間、六時半から八時半までトラックを駆け巡るハードな陸上のプログラムと、一日四五分のテニスのプログラム――すべて公立――もとることになりました。彼女はかけっこが大好きなのです。キッズコーナーは二週間で八〇ドル、陸上は何と二五ドル、という信じられないくらいの安さでした。ちなみに近所のアートスクールのキャンプは一週間（五日間）で二〇〇ドルというのですが、まあそれくらいが相場のようです。

夏の過ごし方に見る階層差

その公立のプログラムですが、初日に行ってみて驚いたのは、まず有色人種がほとんどいないことでした。「キッズコーナー」の最初のタームの約五〇人の参加者のうち非白人は、娘と同じ学区に住む五歳の中国人の男の子ホンジーだけでした。また陸上プログラムも五〇人ほどの参加者のうち、娘と中国人の五歳の女の子だけがやはり非白人でしたが、その子は白人家庭の養女だそうです（中国では長年の一人っ子政策のせいで、男の子のあととりが欲しいために、女の子は比較的安い値段で子どものないアメリカ人夫婦の養子に出す、という信じられない話がありますが、まんざらうそでもないようです。そんな感じの女の子を連れているアメリカ人にこの辺でもよく出会います）。

娘の小学校ではクラスの三割くらいが有色人種ですので、いくら低料金とはいえ有料のプログラムは、貧しい移民の家族などは大変なのかもしれません。とにかく、学校のすぐ隣にある低所得者向けの公共住宅に住む家族から、このプログラムに来ている人は一人もいませんでした。では、彼らはこの長い夏休みの間、いったいどうやって過ごしているのか、それは謎でした。ただ、学区のはずれにある無料のプールに数回行ってみた時に、多くの有色人種と、スペイン語などで話す移民家族を見うけました。そこにはフリーランチ（無料の昼食を配る）のトラックも毎日来るそうなので、こういったところが彼らの溜まり場の一つになっているのかもしれません。こうやって、家庭の自己責任で夏休みを過ごさなければならないアメリカでは家庭の経済力、階層による夏の過ごし方の棲み分けがしっかりと行なわれているようです。

さて娘のプログラムは、一日一つの工作とゲームや本の読み聞かせ、そしてスプリングラーのプールでの外遊びといったきわめて楽しげなものだったようで、小旅行のための一日の欠席以外、休まずに続けることができたのでした。

国際結婚の家族とつきあう

でもいくら子どもがサマープログラムに通うとはいっても、毎日学校に行くようなわけにはいかないので、何といっても貴重なのは、地域で一緒に遊べる友達の存在です。

娘とこの夏、一番よく遊んでくれたのは、オーストラリア人の父親と日本人の母親を持つ、同年代のケイちゃん、ユウちゃん兄妹と、日本人の父親とアメリカ人の母親を持つ三歳の山口太陽君でした。いずれも国際結婚家庭で、子どものプレイグループで知りあい、今では家族ぐるみのつきあいです。夏休み、ほとんど毎週末のようにやったバーベキューパーティー、近所のコートでの夕方のテニス、彼らの存在はわが家にとって欠かせないものとなりました。

わが家は、なぜか日本人家庭よりも国際結婚家庭と非常に仲良くなる傾向があるようで、時々、日本人社会から外れているのではないか、と心配したりしているのです。その傾向の最大の理由は、私も夫も日本人の医者家族、企業駐在員家族といったどちらかというとコンサバティブな人たちよりも、国際結婚組のほうが付き合いが楽、というか、おそらく性格的にどこかに類似性がある、ということだと思います。また、例えば、日本人を配偶者に持つ夫や妻は、日本文化を理解しようと努めるのか、日本の翻訳小説を実によく読む傾向があることを知ったのも驚きでした。

「あなたはミシマをどう思うか？　日本の若い人たちは彼をどのように受けとめているのか？」

「ハルキ・ムラカミはこの小説で何を訴えようとしているのか？」

なんて質問をしてくれる日本人のお父さんやお母さんはなかなかいないのではないでしょうか。そんな事を聞かれると、私は、うまく応えられないけれどわくわくしていろいろしゃべってしまうのです。

相手を理解しようと努力しつづける、というのはきっと結婚というもの一般の「あるべき」形態なのでしょう。でも、どんなに長い間一緒に暮らしても、相手を完全に理解することはきっと不可能なのです。理解しつづけるのを放棄して形だけ結婚しているカップルだって多いでしょう。まあ、この大変な課題に、言語や文化の壁というハンデを負いつつ挑んでいる彼らにはとても敬服してしまうのです。
そして、別な意味でのお付き合いのメリットとして、彼らの子どもたちにとって、うちの娘は、日本語の練習相手としてちょうどいいみたいだったのです。わが家から徒歩一分のところに住む太陽君の父、山口さんから、「今日、娘は何してる？　ひまだったらちょっと貸してくれない？」と電話があると、うちの子どもは飛んでいきます。太陽君は日本語の受け答えにあまり慣れていないので、日本人の子どもと日常的に遊んで自然に日本語を身につけてほしい、と両親は望んでいるのです。英語でも何とか遊べる娘はちょうどいい日本語の練習台といえるのでしょう。
同じようにケイちゃんの家からも
「家で一緒に日本語学校の朗読の宿題をやらない？」などといった誘いがあります。両親の母語である英語と日本語を両方使う子どもたちですが、アメリカの学校に通い社会で暮らす中で次第に英語が主になっていって、これまで母親から学んだ日本語が消えていってしまうのを、お母さんは恐れているのです。彼らがせっせと日本人のプレイグループに通うのもそのような理由が大きいと思います。

入学を許可しなかった日本語学校

そんな夏休みも終わりに近づいたある日、一つの事件が起こりました。

その山口太陽君が、ボストン日本語学校幼稚部年少組の入学面接試験で面接に当たった幼稚部の教員によって「日本語の指示がわからない」という理由で入学を許可されなかったのです。ボストン日本語学校というのは、土曜日のみの日本語補習校で、こちらに住んでいる日本人の子どもたち、および日本人のハーフの子どもたちなどを対象とした学校です。日本の学習指導要領に基づいた国語と算数（数学）のカリキュラムを週一日三時間の授業でこなしていくのですが、全米にある日本語補習校の中で、ボストンのみが、幼稚部が年少、年中、年長と三学年あるのです。上は高校二年まであり、生徒数は約六〇〇人。この地域における一つの巨大な日本人の集合体といえるのでしょう。隣りのニューハンプシャー州やロングアイランド州などからも時間をかけて子どもたちが通学してきているのです。

ちなみに、娘は四月からここの一年生に入学していて、月曜日から金曜日までアメリカの公立小学校、土曜日のみは日本語学校、という生活を送ってきています。そして、さらに、これまで書かなかったのですが、私も彼女と一緒に学校へ通って、ここの現地採用教員（日本から校長先生だけが派遣され、後は全員現地採用教員なのです）の仕事をしているのです。勤務が土曜日のみで、さらに英語で仕事ができるほど語学が堪能ではない私にとって、日本語学校の教員の仕事は自分の学費をかせぐのにちょうどいいと思ったからです。採用後、いきなり中二の担任と国語の担当にされ、その後で労働ビザを何とか取得し、これまで勤務してきていたのでした。

そんなわが家と関係の深い、また日本人プレイグループでも学齢に達している子どもたちはすべて通っているこの学校に、太陽君は入ることを許されなかったのです。幼稚部の入学だけは「おむつがとれていること、日本語の指示が理解できること」が入学要件とされているとは知っていたのですが、面接はたいてい形式的なもので、希望者が落とされた、という話はそれまで聞いたことがなかったのです。しかも、太陽君はよく日本人の子どもと遊んでいて、簡単な日本語の指示を理解することには不自由していない、とわれわれも知っていたのでした。

ただこの時の面接では、彼は、幼稚部の教員とうまくコミュニケーションがとれないまま、平たく言えば、その教員にちょっと反感を持ったのか指示を聞かず、そしてそれを日本語を理解しない、と判断されてしまったようなのです。太陽君のお父さんは作家故山口瞳の甥っ子で、彼も小説「血族」で自分のかわった一族のことを書いていますが、太陽君もその血を受け継いだのか、思いっきり個性的な子どもなのです。

そして同席した両親もその面接に疑問を抱き、さらに彼らに頼まれて一緒に面接についていって、心配してガラスのドアから覗いていた教育法が専門のうちの夫も不信感を抱いてしまったのです。その後、彼らは面接に同席していなかった校長に抗議し、その後「杜撰な面接と入学判断」に抗議していくことになっていったのです。私の立場はこれからちょっと面倒くさくなっていくでしょう。

国際結婚カップルが抱える困難

でも、その時のがっかりした山口夫妻の姿を忘れることはできません。国際結婚カップルにとって、子どもの言語の習得、そして言語による日本人としてのアイデンティティの継承はきわめて深刻な問題なのです。私も、かつては、アメリカで育って英語もできる、日本語もできるバイリンガルなんてすごい、と単純にイメージしていましたが、こちらに来て、子どもが二つの言語を高いレベルで習得していくのはとても困難なことだということがよくわかりました。やはり、どちらかの言語が弱くなってしまうのです。そして最悪の場合、両方がだめになってしまう、つまり、いかなる言語でも論理の操作ができなくなってしまう場合もあるといわれます。そして圧倒的に英語に触れることが多い環境の中で、相当まわりが努力しないと、子どもの日本語をキープしていくことは難しいのです。それを考えると、数年で帰国する日本人の駐在員や研究者の子どもよりも、太陽君のような永住組の子どもをこそ、日本語学校は優先的に受け入れていくべきであるような気がしてくるのです。

そして子どもが日本語を学べる「他の学校」はこの地域には存在しないのです。そこから否定されてしまったら、彼らはまるで日本人の社会からシャットアウトされてしまったような感じを抱くのは当然でしょう。彼らの怒りを私たちもしっかり共有してしまいました。

ここボストンの今年の夏はきわめて涼しくこのまま終わりそうですが、私たちにとっての「熱い」夏はまだ続きそうです。

13 学校紛争に巻き込まれて考える

ボストン近郊の町に住んで一年二カ月を過ぎ、アメリカ社会には比較的スムーズに慣れていった私たち一家でしたが、皮肉なことに最も日本的なものとの間の紛争に巻き込まれてしまいました。解決がないまま、早二カ月半が過ぎ、その紛争は解決をみるどころか、ますます拡大しそうです。いったいどうしてこんなことになってしまったのでしょう。

国際結婚の子どもの入園拒否

ことの発端は、八月、近所に住み親しくつきあう国際結婚家庭（父親が日本人、母親がアメリカ人でともにアーティスト）山口家の三歳の男の子、太陽君が、ボストン日本語学校の幼稚部の入園を拒否され、その面接の過程で、その場に同席した両親が面接に当たった教員の対応に、深く傷つけられてしまったことに始まります。

彼らは六月にも一度、面接を受けて、その時は「しばらくお子さんの様子を見ましょう」ということで入園決定が保留になっていたのです。心配した山口さんご夫妻はわが家に相談を持ちかけられ、結局私と夫が二度目の面接に同行して外で待っていることになり、そこでトラブルが起きてしまったのです。

幼稚部入学の基準に「おむつがとれていて、日本語の指示に従える」という記載があるのですが、「日本語の能力」の具体的な解釈に関しては、後で次第に関係者の中で言っていることがばらばらであいまいであることが判明して行ったのでした。両親が日本人家庭の子どもは、黙っていても一〇〇％入園できるのですが、山口家のような両親のどちらかが日本人でない国際結婚家庭、あるいはアメリカに住む日系人家庭、さらには少数ながら両親が外国人の家庭の、まあ日本語の能力に不安があることが推測される子どもが幼稚部の入学を希望する場合、この幼稚部の教員による面接という関門が待ち構えているのです。

太陽君は、母親がアメリカ人なので、どうしてもふだんのおしゃべりは英語が強いのですが、日本語の問いかけについては、きちんと英語で答えられ理解していると思われるし、たまには日本語で返答もできる子どもなのです。会話の中にも「ちょっとまって」とか日本語が混じります。

またご両親は、太陽君の日本語教育には配慮して、地域の日本人の子どものプレイグループに入り、日本語に慣れさせようと努力して来たのでした。しかし、二度目の面接は、ただ日本語の指示に従うかどうかを機械的に判断するようなもの、と両親は感じて、すでに面接の途中から、面接に当たった教員との間に激しい言葉のやり取りがおこなわれたのです。その後、面接に不満を訴えた山口さんが、校長室にいた校長および面接教師と話し合いを持ち、さらに面接をガラスご

しに眺めていた、教育法が専門の夫が校長との話し合いを持ったのでした。そこで山口さんは「何とか太陽にチャンスを下さい」と懇願したのですが聞き入れられませんでした。

ところが、翌日、面接に当たった幼稚部の教員から、夫に直接、「ご批判があったと校長先生から聞き、電話するように言われたがどのようなことでしょうか」となぜか電話があり、友人として頭に来ていた夫が面接の様子について相当きつく問いただしてしまったのです。その結果、彼女が「親からのひどい批判で自分が傷ついた」と大騒ぎになってしまった（らしい）こと、さらにその翌日、山口さんが校長あてに直接「質問状」という形で手紙を送ったのに対し、その内容が一部「失礼」だということで彼が怒ってしまった

（らしい）ことで、話は決定的にこじれていってしまったのです。山口さんの質問状には「面接の当日書いた手紙」が添えられていたのですが、それはこんな内容のものでした。

「太陽はたしかに日本語より英語がメインです。日本語で一〇〇回質問すれば、九九回英語で戻ってくるでしょう。その一〇〇回のうち一回でも日本語で答えると僕らは誉めるんですよ。太陽は日本語は理解しているとおもいます。——あなたたちアメリカにきて冒険しているつもりなんでしょ？　でもここまで来てシェアをせばめ、そのまた狭い中で鎖国していてなにを守っているのですか？　チャレンジ精神がない。楽に、無事にというまもりの教育ですか？　——校長と学校の方針が太陽の人生をかえますね。ぼくはこの堕落した、マンネリの考えをもつ校長、そしてその制度を一生恨みます。根性のない日本人なんかアルコールのないサケですよ。アメリカに今ごろ来て、またボストンに日本人ばかりいりじまって宴ですか？　それとも釈放待ちですか？にげごしの学校ですね。あいつは大変かもしれないがやってみようとかね。——きょうは車を運転しながらなきました。母国の人間がこんなにつめたいかとね」

私から見たら、公的な日本語教育を一切受けていない山口さんの、感情がストレートに伝わってくるような胸を打つ手紙なのですが、校長にはとんでもない失礼な手紙と思われてしまったようです。まあ無理もないかもしれません。その後、返答する気はない、という校長と夫の間にさらに話し合いが持たれ、この紛争はまだ続いているのです。一方では、山口さんと親しい他の国際結婚家庭の親が独自に校長に意見を言いに行ったり、幼稚部の先生と親たちで話し合いの会を持ったり、さらに、山口家とわが家と他の国際結婚カップルが協力して「国際結婚などの家庭の子どもの面接には充分な配慮を」「日本語の学習を希望するすべての子どもを受けいれられるような学校への日本語学校のバージョンアップを」といった趣旨の署名活動を始めたりして、今日に至っているのです。

学校紛争の当事者の気持ちって

それにしても、一応、教育行政が専門で、日本にいた時は多少なりとも教師の体罰事件などの学校紛争に関わりを持っていた私が、こんな紛争の関係者の一人になってしまうなんて、しかもその学校の教員もやっているという複雑な立場で巻き込まれたなんて何ていうことなんでしょう。最初は、校長が山口さんの手紙に回答して「失礼しました」と返答する形で、すぐに事態は解決するだろうと思っていたのに……。そのうち、何だか、教師や学校を批判した夫や山口さんがおかしい、という論調が取られたりして……。私も日本で何度も体罰事件などで見聞きしている学校側による「論点のすり替え」、すなわち「学校にクレームをつける親たちのほうがおかしい、問題がある」といった世論形成に自分も巻き込まれるなんて、全く感無量です。

それにしても、これは当事者になってみないとわからない嫌な気持ちです。思い起こすのは、子どもが体罰を含む厳しい部活指導によって自殺した事件の時に、逆に加害教師を擁護する親たちの署名運動が起きて、子どもを亡くした被害者家庭が地域で孤立するような状況に追いこまれたケースや、体罰を弁護士会に訴えた数軒の家庭が「学校をめちゃめちゃにした」といわれて地域で孤立し、さらに子どもたちが地域でいじめにあったケースなど。それらの家庭はどんなにつらかっただろうということ。そして特に、子どもの生命が奪われたような場合に、その後さらに、学校を批判したことにより地域で冷たい目に遭った親がどんなに絶望的な気持ちを覚えたか、そんなことを切実に思いやるほど、ほんとうに嫌です。どこにでも学校に擦り寄る親たちはいるのです。

さらに、学校の教員をやっていて、こういった問題で校長とどなり合いのけんかをしたり、他の教員に嫌われたり、校内での言動をチェックされたりするのは、教員として何て消耗することなんでしょう。日本全国で、学校内の紛争に巻き込まれている教員の皆さんはさぞ大変だろうなあ、とわが身の問題になって初めて、切実に感じるなんて、私はちょっと鈍いのかもしれません。まあ滅多にできない貴重な経験だと思って、さらにうちの夫は、日本の子どもや、さらには世界の子どもの権利を守るためにどうするか、なんてことをテーマにやっているつもりなのだから、ご近所の一人の子どもを守るために一家で一肌脱ぐのは当たり前だな、と思ったりもしています。まあ、何より、自分の子どもが通い、さらにまがりなりにも自分が勤務している学校には少しでもまともになってほしい、というのが今回の大きな動機であることは言うまでもありません。

日本でトラブルに巻き込まれている皆さんに比較して、私たちが決定的に楽なのは、ここボストンにはわれわれは短期しか滞在しない予定で地域的なしがらみが全くないし（ここの多くの日本人は同様の立場です）、教員といってもたかが現地採用で、またいろいろややこしい日本の教員関係の法規の適用がまったくないというお気楽な立場だからです。それによく、子どもが人質に取られているせいで親が学校に強くものを言えない、と言われますが、わが家の場合、娘の担任が全くマイペースでやっていてくれるのと、日本語学校は週にたった一日、三時間の学校で、娘にとってはアメリカの現地校の方の存在感が大きい、というのも私たちが動きやすい理由だと思います。それにしても、日本を遠く離れても、日本語学校は信じられないくらい「日本的」それも、体罰事件が相次いだ一九八〇年代半ばくらいの感覚に感じるほど「日本的」なのはすごいことです。

日本人としての言語や文化の継承には努力が必要？

この問題を通して、いろいろ考えさせられましたが、一つ、日本人としての言語や文化の継承、日本人としてのアイデンティティ（自己同一性）の継承といった問題については、深く考えさせられています。

山口さんのような、アメリカに永住する予定の国際結婚家庭のみならず、長期滞在や永住予定の日本人家庭においても、子どもに日本語や日本文化を継承させ、日本人としての意識、すなわちアイデンティティを保持させて行くのは重要な関心事でしょう。

ところが、国際結婚家庭などの場合、家庭の事情により、必ずしも家庭内で日本語を日常的に使えない場合があります。例えば、夫がアメリカ人で、家庭で日本語がしゃべられるのを嫌がるケースが多いこと、アメリカの両親や親戚などが子どもに日本語を学ばせるのを嫌がる場合もあることなど、今回、多くの親と話す機会を持って知りました。そういった事情を持つ家庭では、どうしても子どもの日本語能力の発達・継承という点では困難を抱えています。ただし、このような問題は、あくまで家庭のプライバシーに関わる問題であって、どんな言語を使え、とか他人がとやかく言える問題ではないはずです。

しかし、今回のトラブルにおいて、学校側や幾人かの親から、

「入学に際して子どもの日本語が弱いのは、親の努力が足りないからだ。もっと努力しろ。例えば、国際結婚のアメリカ人の母親も、日本語で話し掛けるように努力を」

といった論調の意見を聞きました。でも本当にそんなことを、そのような家庭に言ってしまってよいのでしょうか？　学校はそこまで個々の家庭に介入できるものなのでしょうか。例えば、夫婦間の関係を反映して、どうしてもこれまで家庭では英語が主になってきたけれど、日本人の方の親は日本語や日本文化を子どもに継承して行ってほしいと心では願っている、だから日本語学校に行かせたい、そんな家庭を受け止めて一緒に協力してやっていく、そういったスタンスはとれないものなのでしょうか。

今回、山口さんのケースに関わった私に対して、一番辛辣な批判や攻撃を加えたのは、自分が

国際結婚をされている日本人のある母親でした。彼女は、夫がアメリカ以外の国の人で、夫婦両方がアメリカ社会におけるマイノリティ、といったより厳しい状況に置かれている人でした。そんな中で、彼女は家庭から夫側の言語や文化をできるだけ排除し、つまり片方の文化や言語を犠牲にしてまで、自分で日本語教育を家庭で一生懸命やった結果、子どもは今のところ日本語が主たる言語になり、無事日本語学校幼稚部に入園できたのでした。だから彼女の持論は、

「私はこんなに努力した。だからみとめられた。他の国際結婚家庭も努力すべきだ。国際結婚家庭の問題、といってひと括りにするのは間違っている」

というものでした。

でもそういった「努力」論は他の家庭に強要できることなのでしょうか。また国際結婚家庭というせまい集団の中でそうやって対立し分裂していくことに、何か積極的な意味があるのでしょうか。

そもそも、言語や文化を学んでいくこと自体が、自分だけ優れている、という意識を育てるためではなくその民族としてみんなで共同し連帯していく意識を育てて行くためにこそ重要なのではないでしょうか。

民族としてのアイデンティティの弱さ

この問題について夫と話した時、彼は、第二次世界大戦下におけるユダヤ民族の行動の問題に

ついてのハンナ・アレントというアメリカの政治学者の分析について思い起こす、としきりに言っていました。

彼女は自らユダヤ人なのですが、大戦当時、祖国を持たなかったユダヤ民族が、国によって異なった行動を取ったこと、例えば、オランダに居住していたユダヤ人は徹底して共同して抗戦する姿勢を保ち（アンネ・フランク一家が隠れ住んだことなども抗戦の一つの方法だそうです）その結果、多くのユダヤ人が生き残ったこと、反対に、別のある国では、ユダヤ人の中で、自分だけ助かりたいといった裏切りや分裂があり、結果的にその国の多くのユダヤ人が収容所に行くことになってしまったこと、を歴史的に分析しているのだそうです。

長い歴史の中で、祖国という歴史的基盤を持たなかったユダヤ人が、たまたま、ある国のコミュニティのなかにおいては、弱い民族的なアイデンティティ（自己同一性）しか持ちえずに、分裂し、悲劇に巻き込まれて行ったということがあるのかもしれません。

もしも、国際結婚家庭、という、アイデンティティの継承、確立という点において比較的弱い立場にいる人たちの中に、その弱さゆえに何か権威に擦り寄っていき、同じ立場にいる仲間たちと離れていくようなことがあるのだとしたらそれは悲劇以外の何物でもありません。では、目を転じて、じゃあ、日本人ってどうなんだろう、と思ったとき、そこに共同とか連帯が見えないのは私だけなんでしょうか。

14 競争主義的になりつつあるアメリカの学校

アメリカの大統領はなかなか決まりません。選挙日の一一月七日の夜、近所の山口さん宅で選挙開票速報テレビを見ながら、すき焼きとビールで宴会。山口夫人、アイリーンのブッシュ候補に対する悪口を聞き、画面の、州ごとに赤と青に塗り分けられていくアメリカ地図を見ながら、夜一一時には大統領が決まるねーなんて楽しんでいたのがうそのようです。

今日は一一月二三日のサンクスギビングデイ。最後に残ったフロリダ州の再集計は遅々として進みません。

この辺ではやっているジョークですが、キューバのカストロが「私がフロリダに選挙監視団を送って調査してやるよ」と言ったとか。これはどうも本当にそう言ったらしいです。実は、投票箱がなくなるとか、投票用紙への記載方法が紛らわしい、といったことはフロリダ州に限らず、そこら中で起きていることみたいです。ただ今回、最後にフロリダ州の集計だけが残ってしまったために、選挙の杜撰さが明らかになっただけ、というのが夫が所属するプログラムの職員に聞いた話です。この国は本当に先進国なのでしょうか。

でも、今回の選挙で思ったのは、大統領選はみんなに身近な問題だ、ということ。選挙日の前から小学校一年生の娘の教室でも「ゴアとブッシュはどっちがいいか」というのはクラスの最大の話題だったそうです。隣町の友人の子どもが通う一年生の教室では、ボストングローブの選挙記事が教室に置かれ、みんなでそれを見て話題にしていたとか。日本の小学生はまず政治について話題にすることはないのではないでしょうか。

また、娘の小学校は投票会場でもあったので、投票日(平日)の朝は母親たちがクッキーやケーキを持ちより、投票場の体育館の入り口で、投票に来た人たち向けに一日中コーヒーや紅茶とお菓子の店をやっていました。この「投票時のベークド・セール」は学校の取り組みの一つで、売上金は学校の資金になるのです。

教育政策は変わらない？

そのように延々と共和党と民主党の争いは続き、今朝はとうとう共和党の副大統領候補が心臓発作をおこしたというニュースまで飛び込んできて、当事者たちのストレスは大変なものであることが察せられます。

私たちが住むマサチューセッツ州は、かつてケネディ大統領を輩出したことで知られる民主党の牙城で、周りも一応ゴアをひいきする人ばかりです。ブッシュが大統領になったら、新任される予定のアメリカ最高裁の裁判官が右傾化し、教育界も保守化していくだろう、という話もそこかしこで聞きます。しかしながら、こと教育の基本方針に関しては、民主党と共和党の政策はそれほど違わないのではないか、という見方もあるのです。要するにどっちもどっちということなのです。

現在アメリカの教育界を揺るがせているスタンダード（カリキュラムの基準）設定運動、それに基づくアセスメントテストの実施と評価、要するに、カリキュラムの基準をきちんと設けて、それに到達しているかどうか統一学力テストを実施していく、といった方針については、ゴアもブッシュも賛同しているのです。

両者の教育政策上の最大の違いは、ブッシュの共和党側は、私立学校へのバウチャー制度の拡大を強く主張し、ゴア民主党側はそれに反対していることなのだそうです。これは、親に学校を選択できるクーポン券を配布する制度で、公立学校だけでなく私立学校をも学校選択の選択肢に入れるか否かは、一つの大きな争点なのです。アメリカの場合、私立学校というとほとんどがカソリックの学校になるため、バウチャー制度を導入することで、結果的に、カソリックの宗教団体に公的資金が流れることの憲法上の是非が問われているのです。まあ、保守的なカソリックは共和党の支持母体の一つなので、ブッシュがこのような政策を掲げて、ゴアが反対しているという背景もあるのです。

今回、大統領選に伴って各州で個別の問題の州民投票も行なわれたのですが、カリフォルニア州、コロラド州、ミシガン州、オレゴン州で、この「バウチャー制度の導入」の是非が投票にかけられ、すべての州で七〇％以上の高率で否決されたそうです。その理由は、ボストングローブを読む限りでは「公的なお金を公教育の外側に持ち出しても公教育は良くならない」という一応まっとうなことのようです。

MCASに伴う変化

しかし、多くのアメリカの子どもが通う公立学校で、現在最大の争点といったら、何といってもアセスメントテストの導入についてどう考えるか、ということでしょう。今、わが州の教育改革についての問題といったら、とにかくMCAS（Massachusetts Comprehensive Assessment test System の略、州統一テストのこと）をどうするか、の一語に尽きるでしょう。

これは、以前にも書きましたが、第四、第八、第一〇学年（日本だと小・中・高に対応する）で、数学、英語、理科（一〇学年では歴史も）の州のカリキュラム基準に基づいた統一テストを行なって、各自治体、各学校、そして各教室の点数が明らかになり子どもの到達度が測られる、という日本の一九六〇年代の一斉学力テストのような制度なのです。推進母体が、優れた労働力要請を望む地域の大企業の連合体である、という点もかつての日本によく似ています。

この統一テストの導入は日々の子どもたちの教室での日常に大きな影響を与えているのです。

「学校へ行きたくない。キンダーに戻りたい」

とうちの娘は、九月の一年生進級時から一～二カ月の間、言いつづけていました。毎朝、学校に行くのを渋り、最初のうちは普段の生活でも少しいらいらしているように見えました。

昨年度、同じトンプソンスクールのキンダーガーテン（一年生に上がる前の日本の幼稚園段階のクラス。でも読み書きや算数は始まる）のクラスでは、そんな態度をとったことは一度もなかったので、親としてはとても心配しました。でもそのような態度の変化はうちの娘に限ったことではなかったのです。

新しい担任に対する不安

アメリカの公立小学校では進級するたびにクラス替えがあり、担任も変わります。そもそも学級担任はある程度の年数以上の先生は希望の学年をずっと続けていくシステムをとっていて、何年何組は誰それ、とあらかじめ固定化されているのです。担任の空きが出た場合は、「何年生担当」ということで自治体ごとの要綱に則って教師が公募され、採用は校長によって中心的に決定されるのです。

「一年ルーム八」という娘のクラスでは、これまでいた評判の良い教師が転勤したために、今回三人の候補者の中からミセス・サントスという先生が選ばれ担任をすることになったのです。ところが、前年度の段階から、親たちの間でもっぱらの噂になったのは、今度の新任担任は白人ではない、ということだったのでした。昨年度まで、この学校の約二〇名の教師は全員白人だったのです。これはたぶん別に差別をしているわけではなく、マサチューセッツ州全体自体で、黒人の比率は一〇％以下である上に、わが町アーリントンはかつてアイルランド移民のコミュニティだったという背景があり、校長もアイルランド系地元の人、教師にもアイルランド系の名前の人が目立つ学校なのでした。そういった意味では、彼女は注目の的でした。そして、このミセス・サントスは自分の学歴から専門領域などについての丁寧な手紙を、すでに夏休み中に新しいクラスの子どもたちの家庭に郵送してくれるという気の遣い様でした。

さて、九月に始めて教室の入り口で対面した彼女は噂どおり非白人、アフリカン・アメリカン、いわゆる黒人でした。そして、新クラス一六人の子どものうちわけは、白人一二人、白人と黒人のハーフ一人、うちの娘を含むアジア系が三人というものでした。にこやかに親たちとあいさつを交わす緊張ぎみの新担任。

しかしながら、二〜三日すると、うちの娘が、

「先生が嫌い。きびしすぎる。おこってばっかり。毎日ホーム・ワークが出るのもいや」

とぶつぶつ言い出し、前述のような学校嫌い状態が始まったのと同時に、他の何軒かの家庭でも、まったく同じような子どもの不満が聞かれるようになっていったのでした。

私が心配して、下校時にアメリカ人の母親たちに聞いてみると

「ミセス・サントスは良い先生だ。朝、教室に入る子どもたちを一人一人抱きしめてくれるし、きちんと厳しくしているようでいい」という意見と「子どもが行くのをいやがっている」という意見に二分されるようでした。

仲の良いエリザベスの家では、「今度のクラスではやることの選択肢が少なくておもしろくない、行きたくない」と娘のクレアが毎朝溜め息をついているということでした。

おそらく初めての有色人種の教師ということで、本人も気合が入りすぎているのかなあ、じきに慣れるのかなあ、などと思いつつ見ていたのですが、子どもが「行きたくない」というのがエスカレートするようなので、連絡帳に「子どもが、教室の雰囲気がすこし厳しすぎるといって、行くのを渋っている」と書いてみたり、少し話してみたりしたのでした。彼女はそれに対して丁寧に、例えば「今日はクラスのこんな活動で、彼女はグループの順番がまわって来なくて悲しくなってしまったみたいだ」といったような回答を書いてくれました。たぶん気を遣って、大きなニコニコマークを添えて。

親たちの対応とカリキュラム自体の変化

一カ月後、初めて親たちとミセス・サントスが正式に話をするカリキュラム・ナイトという夜の学級懇談会には、わがクラスは驚くべき出席率で、ほとんどの家庭から、それも、わが家を含め、何軒かからは両親が出席するという盛況なものでした。「みんな心配しているんだなあ」と思う私。

大勢の親を前に、カリキュラム計画や教授法について話すミセス・サントス。きつねにつままれたような親たちの表情。そして多くの親の感想は、「一年生のカリキュラムが以前のものと違ってきている。特に親たちの世代とは全然違う」というものだったようでした。そうです。一年生のカリキュラムは以前よりアカデミックになり、特に英語などで、明らかにテストを意識したものに変わっているようなのでした。

ミセス・サントスは英語教育、特につづりと音声を分離させてやるといった独自の教育方法について自信たっぷりに説明していました。これは、わが校が取り入れているレスリー・カレッジ(校長の出身校)という地域の大学の開発している教授方法にも基づいているということなのでした。

わがマックガーベ校長は教育熱心で知られ、親の平均所得では町で最低のわがトンプソンスクールのＭＣＡＳでの点数が、数学と理科では町で二番なのを誇らしく語る人なのです。きっと、彼は、ミセス・サントスのように自信たっぷりに教授方法をアピールする有能そうな教師をわが校に迎えたかったんだなあ、とつくづく感じてしまいました。きっと四年次のテストにむけて、今からちゃくちゃくと英語教育を進めていこうとしているんじゃないかなあ、と。

日本から来た私たちにはわからないけれど、親たちの声を聞く限りでは、かつてのアメリカの公教育ってもっと経験学習っぽい、牧歌的なものだったようです。

ただ、娘の教室の雰囲気が固かったのは、カリキュラムがアカデミックになってきたからばかりでもなく、やはり担任の態度にも原因があったようでした。でも、そこはある意味で「学校参加」が徹底しているアメリカの教室、そのうち何人かの親が、ボランティアと称して、教室の活動を補助することをかってでて(かくいう私もそうしたのですが)毎日、どこかのお母さんが、一時間ほど教室で一緒に活動をするようになって、随分教室の雰囲気も変わってきたようです。グループごとの活動などの場合、お母さんが補助に入ると教師も楽だし、子どもたちもずいぶん和みます。できた子のプリントにスティッカーを貼ることだけでも、お母さんがやってくれるとみんな楽しくなるようです。こういう状況での、アメリカの親同士の連帯感ってすごくいいですよ。いっちょやってやるか、って感じで、みんなで担任を盛り立てようとするんです。私はエリザベスに「ユミ、決して先生をせめちゃだめだよ」って注意までされてしまいました。そういうことしそうに見えるのかな。こっちの親は先生の扱いの面で成熟しているのかも。

二カ月半たって、うちの娘もだいぶ慣れました。毎日宿題が出ることにも、毎週金曜日、スペリングのテストがあることにも、リーディングが能力別グループにわかれることにも、そしておこ遊びが少なくなったことにも……。ただ家に帰ると速攻で宿題を終わらせてしまいます。とても気にしているんだなあ、と感じます。それでも前は、ミセス・サントスに朝教室に入る時に抱きしめられるのはいやだ、と言って、違う入り口から入っていたのに、最近は一〇分前に行って友達とひと遊びしてから平気でハグされてまっさきに入室していくようです。子どもの適応力ってすごいです。

でも、慣れることができない子どももいます。娘の友人の兄で三年生、パキスタン移民のファラーンはちょっと前からチック症状のように顔を振るわせるようになったので、うちの夫は勉強についていけないストレスのせいではないかと心配しています。アメリカの学校教育は日に日に競争的になって行く、と嘆くエリザベスのような母親もいます。

最近、マサチューセッツ州の各自治体の教育委員会の総会があって、ＭＣＡＳの是非について票決をとったら、反対票が賛成票を上回ったということです。わが町アーリントン教育委員会も反対票を投じたとか……。決して子どもたちにとって良いものではないと内面もわかっていながら、競争となるとやっきになってしまうのが人間の性です。大統領選の行方もわからないけど、これもいったいどうなるのでしょう。

15 アメリカの貧困な医療と公教育

アメリカの保育の貧困さの中で

夕方六時半、突然玄関のベルが鳴り、友人のハンクと一歳半のアラム君が立っていました。うちの六歳の娘とアラム君は大の仲良しで長時間仲良く遊べる、というか元気なアラム君が娘のおもちゃみたいな感じになるので、とにかく、よく一緒に遊ぼう、と声がかかるのです。ハンクはアルメニア系アメリカ人、カレッジで政治哲学を教えているのですが、奥さんの葉子さんも家庭内暴力のケースワーカーの仕事を持ち、夜は授業も取っているため、交代で子どもの世話をしているのです。でもさすがに父と子、二人だと行き詰まるのか、「一緒に公園に行かないか」「うちへ連れてこないか」としょっちゅう電話があるのです。特に今月は葉子さんのテストシーズンで忙しいのか、夜、わが家へやってくるのは今週三回目なのです。アラム君が生まれてから彼は自分の研究が進まないそうで、時々駐車中の車の中や、公園で子どもが遊びに集中している数分間に書き物をしているという有様です。

とにかく、日本で手厚い公立保育園に娘の乳児期からお世話になった私にとっては、働きながら空いた時間に子どもを見ているという子育ては想像を絶する過酷なものに感じられます。しかも葉子さんは公的な福祉関係の仕事をしているので、アメリカの保育の現場のこともよく知っていて、敢えてデイケアセンターなどの保育機関の利用を避けているのです。

「子どもが子どもの世話をしているみたいで心配で自分の子どもは預けられない。でも質の良いところは月何千ドルもするから高すぎてとても無理」

と彼女は言います。

アメリカの福祉政策の貧困はよく言われますが、まず保育の貧困さが日本から来た場合目に付きやすいようです。今日もハンクはふたりをボールで遊ばせてくれて、アラム君が眠くなった九時過ぎに帰っていきました。

医療現場から見た貧困

アメリカでは異なった階層が地域的に住み分けているため、例えば、あの通りより南は危険な地域だから行ってはいけない、といった声はよく聞きますが、普通に暮らしていると貧富の差の激しさや福祉政策の貧困さに気づきにくくなっています。特に郊外のリッチな住宅地に暮らしていると、そこだけで生活が完結しているので、周りの社会がわからなくなってしまう傾向があるようです。日本人なんて日本人同士、同じような階層で交際する場合が多いからなおさらです。

そんな中で、例えば医療現場に携わっている人などはさすがに社会の現実を見ています。私が働いているボストン日本語学校の担任クラスの母親の一人、まゆみさんは小児科医として現在大学病院で研修中ですが、彼女が親の回覧ノートに書いてくれるレポートは衝撃的です。いつも思わずクラス通信に紹介してしまいます（一週間に一度の補習校なので親同士および親と教師との交流を深める意味で、クラスの親のグループでノートを回しているのです。練馬区に住んでいた時、市川良先生に学んだ実践です）。

「先進国で唯一国皆保険制をとっていないアメリカ合衆国では、医療にも資本主義・自由経済の原理が浸透している。医療保険も「商品」であるから値段はサービスの内容に比例し、貧乏人は安物の保険しか買えない。もちろん「必要がない」あるいは「高すぎる」という理由で医療保険を買わない」という「選択」もある。この冷徹な「自由」保険制は大量の無保険者（全人口の一八％）を生み出した。これらの人々は病気になれば救急外来に飛び込むしかない――」（田中まゆみ　週間医学界新聞　一九九九年一〇月一八日号より）

確かにアメリカに来てから公的健康保険がなくなり、高い民間の保険料（毎月約三万六〇〇〇円）を払い続け、それでも歯医者はカバーできなくて別の保険が必要なので、わが家では子どもの歯を気合いを入れて磨いているのです。でも無保険者が国民五人に一人だなんて、その高率にはさすがに驚きました。彼らは病気になっても医者にかかることもできず、いよいよどうしようもなくなると最終的に「法律により診断拒否を禁じられている」大学の救急外来に飛び込むのだそうです。それらはまさに貧乏人の駆け込み寺と化していて、マサチューセッツ総合病院（ハーバード大学病院、一般的にはお金持ちが入院するイメージが強い）でも二〇％が無保険者なのだそうです。しかし、日常的に医者にもかかれない暮らし、それもこんな文明国でってどんなにみじめな気持ちなんでしょう。

さらにまゆみさんによると、アメリカに移民して来た一世の寿命は例外なく本国の平均寿命より短いという統計があるそうです。例えば、アフリカなどの移民も、差別・貧困・麻薬中毒・銃犯罪などのために、本国の平均より早死にするそうです。また白人に限っても、平均寿命は日本人などよりはるかに短いのですが、主因は高い乳児死亡率と低い予防接種率（なんと全国平均六〇％くらい）にあるということです。もちろん肥満と高コレステロールのもととなるアメリカ式食生活も諸悪の根源だそうですが。とにかく健康保険に入っていないと、妊娠しても日本の母子手帳のようなものがないので健康管理ができず、子どもが生まれても予防接種すら受けさせられないらしいのです。小児科医の彼女はとにかく母子保険の貧困さにあ然としたと書いていました。それでも、貧困地域の十代の少女たちは、妊娠・出産すれば最低限度の生活保障が得られるので、目先の利益にとらわれて妊娠してしまうのだそうです。この悪循環を断ち切るためには生活保護の水準を上げるしかないのに「貧乏人のために税金を使うな」という声が高くて実現が難しいのです。

まゆみさんは「日本の福祉政策がアメリカではなくて英国や北欧をモデルにしたのは素晴らし

いことです。——アメリカの〝貧乏〟は日本の〝貧乏〟とはケタ違いで根が深い」と結んでいました。

そんな話を読んだ直後に、近所の友人家族から、

「病院で死んだ大叔父さんの医療費を支払わなければならなくなった」

という愚痴を聞かされました。入院した大叔父さんの家に、彼らがかわりに四年前から住んでいて、亡くなった後も継続してその家に住みたいので、家を一部相続して買いとることにしました。結果的に医療費負担の責任を負ったわけです。ところが、その大叔父さんが、末期医療の保険に入っていなかったのです。その医療費は何と四年間分で二〇〇〇万円だったそうです。死ぬまでに毎年分割して請求するとか、予告するとかなしに、死後いきなり全額を請求されたそうです。

彼らは一部買い取らなければならない家のローン数千万に加え、その大金も支払わなければならなくなったのです。さらに、自由業のため、ローンを組むのに四苦八苦している彼らの周りで「近々あの家が売りに出される。医療費が払えないはずだから……」という悪質な噂が飛んだそうです。噂の出所を調べると、何と死んだ大叔父さんが入院していた病院の看護婦が、そのような情報を近所に流していた、ということでさらに驚いた、と言っていました。でもこんなことはこの社会でよくあることなんでしょう。一旦病気になったら、寝たきりになったら、保険料が払えなくなったら、よってたかって収奪されて、貧困の中に落ちて行くことは日常茶飯事なんだと思います。医療関係と不動産業が結託していても全然おかしくないような社会なのです。

アメリカの公教育は子どもの健康には無関心

子どもの健康や医療領域についても、アメリカの公教育は日本に比較してお粗末というか、というより、そもそもそれらは家庭の私的な領域と考えられているのでしょう。まず、日本の保育園（たぶん公立学校でも）では毎月やってくれた健康診断というものはアメリカの公立学校ではありません。いったい今子どもが何センチあるのか何キロあるのか、まったくわからなくなってしまいました。視力検診も歯科検診ももちろん予防接種も何もかもありません。全部、親が自分で病院に連れて行かなければ受けられないのです。これでは子どもに健康上問題があっても発見は難しいのではないでしょうか。例えば、これだけ甘いものが豊富にあれば虫歯の罹患率など高いと思うのです。娘の友達など、日本からこちらに来て急に虫歯が増えたという話をよく聞きます。しかし、虫歯に関してはおそらく公的な統計が存在しないのだと思います。おそらく公立学校に歯科検診を導入するなんていったら、アメリカの超巨大お菓子メーカーが黙っていないような気がします。

さらに、体育の授業で運動能力の測定のようなものは一切ありません。反復横跳びや踏み台昇降なんてないのです。タイムや記録を測る事もしません。日本体育大学の正木健男先生が、子どもの背筋力などの長年の学校での測定データをもとに子どもの体力の変遷について述べていたのが懐かしく思われます。細かいデータに基づいた日本の子どもの健康に関する分析は国際的にもとても評価が高かったのです。日本の学校教育はそんなことまでしてくれてたんですね。管理が厳しいだけじゃなかったんですね。ケアと統制は裏腹だったんです。アメリカでは専門のクラブなどに入らない限り、細かい運動能力のチェックなどは受けられないのです。

そしてまた、こちらでは学校教育で果たして栄養指導を誰かまともにやっているのかどうか非常に疑わしいです。ジャンクフードを食べ続けておかしいという気持ちは、どこかで植え付けてくれないのでしょうか。色付き化学薬品みたいな飲物や塩気と油の多いスナックばかり食べていればどうなるか誰も教えてあげないのでしょうか。そう思うほど、この国の食生活は荒廃しているのです。これもきっと巨大食品メーカーに統制されているせいもあるでしょう。

また学校給食だってピザやハンバーガーなどを自分で選択するシステムなのです。もちろんにんじんスティックだって選択できるのですが……。それを子どもが選べるかどうかは自己責任の問題なのです。うちの娘は毎日甘いチョコレートミルクを添えたチキンナゲットやピザなど好きなものばかり食べているのです。日本の給食で嫌いなものまで無理やり食べさせてくれてたのがこれまた何だか懐かしくさえなります。

総合的な発達の視点にかける？

しかし、そういった面をカバーしないながら、それでもアメリカの公教育は、この国の福祉や医療にくらべてはるかに優れていると思われます。何ていっても私立主体の大学以外ではやはり「公教育」こそが主流派なのはずっと変わらないのです。カソリックの宗派学校に行く以外のほとんどの子どもたちは地域の公立学校に進み卒業していくのです。どうして、教育だけは特別なのでしょう。

夫に言わせれば、「善き公民育成」のため、すなわちアメリカの共同体の価値を子どもたちに注入し価値観を形成するためにこそ、公教育は存在し重視され続けているのだ、ということになります。そのために公立学校ではいつも星条旗がはためき、朝は誓いの言葉で始まり、教育内容はさておき、道徳的な内容が巾を利かせているというのです。歴史的にばらばらな国から集まったいろいろな子どもたちに「善き公民育成」を施すことはある意味では治安維持的な意味を持ってきたのだいうのです。

果たしてそうなのでしょう？　そりゃあ、学校にはいつも星条旗が掲げられています。でも、今では何だかただの記号だけのように感じるのは私だけなのでしょうか？　私にはわからないのです。

ただ一つだけ、ちょっと怖いな、と思ったのは、自分が教えている日本語学校の中学二年の教室でのこと。国語で古典の「平家物語」をやった時です。有名な「祇園精舎の鐘の音――おごれるものは久しからず」という冒頭の部分の解釈について、「おごれるもの（権力があっていばっているもの）」って例えばどんなものだと思うか、二クラス約四〇人の生徒たちに聞いてみたのです。すると、アメリカ生活が長い日本人生徒たちから「ヒトラー」「北朝鮮のトップ」そして何と「カストロ」といった声があがったのですが、誰一人として「アメリカ」って言わなかったんです。どうして？　現代の世界で一番「おごれるもの」ってアメリカだって何でみんな思わないの？　この時ほどアメリカの「公民育成」教育が成功していると思ったことはありませんでした。

でも、子どもの発達って全面的なもののはずなのに、どうしてそういう視点で総合的に子どもを見ることがこの国では欠けているんでしょうか？　子ども期を「商品」として食い散らかしているものたちが何でこんなに巾を利かせているのでしょうか？　一見自由に明るく子ども期を謳歌しているかのように見える子どもたちが、自覚がない分だけ深刻な病に侵されているとしたら……。

16 日本人コミュニティって？

ニューイヤーイベントに参加したら

いよいよ二一世紀を迎える年末、ボストンでも恒例のニューイヤーイベントはいつもより盛大でした。その一つとして大晦日の夕方にボストン繁華街を練り歩くパレードが、様々な団体やチームの参加によって行なわれたのですが、何とうちの家族はそれに参加しました。

参加したのは、アーリントンという私たちが住んでいる町のアート・センター（美術教室で運営母体は半官半民）の、六歳の娘のとっているクラスのチームです。このチームのテーマは「エイリアン」です。このパレードに向けて、冬休みに数日間連日通うキャンプをして、子どもたちはシュールな宇宙人の大きなパペット人形やＵＦＯの模型を作ったのです。子どもたちは五歳から一二歳までの約二五人なので、親たちがエイリアンマスクをかぶり、つきそってパレードしなければならないのです。

でも当日、参加団体が集合するコンベンショナル・ホールに行ってみてびっくり。だって、他の多くの団体は巨大な豪華な人形や、ディズニーのパレードみたいにライトアップされた車や、そろいの衣装で「華麗なパレード」っていう感じなのです。後ろの方では、全身ヒョウの衣装を着たカリビアン・ダンサーズ（たぶんどこかの移民チーム）が激しいリズムに合わせ見事にそろった踊りを展開しています。

それに比べわがチームは、音楽もなく、棒の先につけたパペットはいかにも子どもの作品で見劣りすること甚だしいのです。それでも思い思いのエイリアンに扮したお父さんが、子どもをあやしながら、アートの先生のリーダーが先頭で一生懸命盛り立てて、良く言えばアットホームな雰囲気で、長い長いボストンの冷え込む目抜き通りをパレードしました。前のサンバチーム、後ろの、アメリカ人少年たちからなる正統派鼓笛隊の音楽に挟まれながら。両側の歩道には膨大な人垣ができていて、マスクで顔を隠しているからいいようなもの、やっぱり踊るのは恥ずかしいのです。また、うちの娘を含め何人かの子どもたちは異様な雰囲気に硬直したような表情をし、疲れて歩くのを嫌がる子も出てきました。小さい子どもたちにはちょっと企画に無理があったかもしれません。

そんな中で、ひときわ人目を引いたのは、ボストン中国人会の、豪華な長い長いチャイニーズドラゴンと大人数の中国風の仮装でした。気温は零下なのに、チャイナドレスで着飾った女性たちが後ろからついて歩いて行きます。

「中国人は偉いね。日本人会だってこういう時に何かやればいいのに。阿波踊りや、村上の山車なんかいいのに」

と夫。

そういえば、おそらくパレードに参加している日本人は、わがチームの日本人三家族、すなわちアート教室に通っている娘の友人家族だけだったでしょう。沿道で見物している日本人はたくさんいるだろうに。まあ見物客からはアジア系の混じっている変なコミュニティぐらいに思われたんでしょう。

他とはちがう日本人会

ボストン日本人会について日頃からいろいろ不満がたまっているので、夫もついぐちを言いたくなるのでしょう。この会に入ればボストン日本人学校の授業料が割り引きになるために、この地域の学齢児童のいる家族はほとんど加盟しているはずなので、おそらく巨大な組織だと思うのですが、いまひとつ実態が見えにくいのです。日本人会新年会で日航の航空券が福引で当たるといった話は聞くのですが、例えばこういったイベントなどでの日本文化のアピールに努めるとか、あるいは困っている人を助けたといったことをあまり見聞きしないのです。

しかし何といっても、一番頭に来ているのは、ボストン日本人会の行なっている最大の活動であるボストン日本人学校が、国際結婚の親や子どもたちの一部に冷たくしてきたことです。日本語の能力の不足を理由に、そういった子どもたちが日本語学校幼稚部への入園を拒否されて来たことを改善してほしい、と何人かの親たちでささやかな運動を始めて、いろいろ気づかされた事は多いのです。まあ大企業関係の人たちや、大学の研究者や医者が会の構成員の中心なので仕方がないのかもしれませんが、移民の同胞の救済、という性格を歴史的に強く持つ中国人会や他の民族の団体とは基本的な性格が大きく違うようです。ちょっと外れた人、一番弱い立場にいる人、例えば国際結婚をしていて必ずしも裕福でない暮らしをしている人などには、必ずしも親身になってくれるような団体ではないようなのです。

例えば、アメリカ人男性との結婚に破れ、苦労してこちらで自活していた日本人シングルマザーが、何とか生活も落ちついてきたので、子どもを日本語学校幼稚部に入れようと思って面接を受けたところ、日本語能力が不足であるという理由で不合格にされたそうです。そのあげく、

「父親がいない割には素直に育っていますね」

と面接の教師に言われて、

「胸にナイフを刺されたような気持ちがしました」

と手紙に書いていました。

彼女は入園拒否から三年たって、初めて自分の思いを書くことができたのです。それほど同じ日本人によって傷つけられた心の傷は深かったのでしょう。

ユダヤ人コミュニティの歴史を専門にしているアメリカ人研究者が、ニューヨークのユダヤ人コミュニティの最大の役割は貧しい弱者の救済という福祉的な側面であり、それがこの国の福祉政策の原型になっている、と述べていました。また、作家の村上龍が、ニューヨークでは、韓国

人も中国人もロシア人も同胞を救済するソサエティを持っていて、例えば麻薬におぼれた人がいたら入院させたり本国に送還したりするけれど、そういうことをする日本人のソサエティだけはない、と書いていました。だから、ニューヨークのホームレスの九九％は脱落したアメリカ人だけれど、まれに日本人が混じっていることがある、中国人や韓国人は貧困者はあっても決してホームレスにまでは落ちないのに、と言うのです。

これが事実かどうかは知りませんが、少なくとも、日本人のソサエティの中に、弱者を救済するというより、弱者を排除する、捨て去ることによって自分たちの優越感を満足させる、といった部分があることは否めないと思うのです。

そして独断と偏見で言わせてもらえば、白人男性と結婚してこちらで永住している日本人女性で、日本人会などの仕事に関わる人たちの一部にも、そういったものを感じる時があるのです。白人社会の中で日常的に感じているコンプレックスを、自分より弱い立場にいる人を差別することによって晴らしているような（本当の意味ではいやされないのかもしれないけれど）気がする時があるのです。

「同胞の生き血を吸う」日本人

おそらく日本人会がそういった体質を持っていることと関係していると思うのですが、こちらでは短期滞在の日本人留学家族を対象とした日本人の不動産業者やサービス業者が跋扈しています。

日本人向けに日本国内でも住宅情報誌を出している某不動産業者は、こちらでは物件が高いのと、オーナーと借り手のトラブルが多いので有名です。入居時に日本語で相談できるのと、日本国内で物件が探せることで人気があるのですが、この地域のアメリカ人不動産屋と比べると一つのアパートで三〇〇〜四〇〇ドルは高く貸しているような気がします。また、日本人は事情がわからないので、零下二〇度にもなる一月に暖房が壊れたまま、苦情を言っても二週間ほおっておかれた、といった話も聞きました。法律では、オーナーはボイラー故障後二四時間以内に修理する義務があるというのに。

さらに、日本人向けの自動車販売と自動車保険についても、やはり日本人業者が手広く引きうけています。日本人家族はこちらに来たばかりでも、お願いすればすぐに車が準備され、勝手に保険にも入れてくれるのです。でもその価格も、こちらの相場よりはるかに高いのです。

私もこちらで自動車免許を取って、いざ保険に入ろうとした時、いろいろな保険代理店での査定価格の違いにあ然としました。近所の数軒聞いて回っただけでも、同じ車なのに年間で一五〇〇ドルの差が出てくるのです。これが自由競争市場というものなのでしょう。もちろん一番安い代理店にしたのは言うまでもありません。これが、自分で業者を探さないで日本人業者に保険加入を依頼したら、どんどんオプションをつけられ、さらに手数料をとられ、ひどく高額なものになっている、でもそれが本人にもわからない、というのがもっぱらの噂です。

さらに、その不動産と、車と家具など一式の販売をになう総合的な引越しサービスをやっている日本人もいます。短期留学が多い医者などのインターネットで「引越し一切受けたまわります」という情報を載せていて、それを日本国内で見た日本人が多く利用しているらしいのです。確かに引っ越す側にとっては楽で便利といえばそうなのですが、やはり、一件につき一五〇〇ドル〜一八〇〇ドルという法外な手数料をとっているのはどうかなーという気がします。

夫はそういった業者のことを「同胞の生き血を吸う」日本人と言っています。これは、日本人同士助け合うのではなく、新しくやって来る日本人を金儲けの対象にしているということなのです。

日本語学校移転問題

そんなここの日本人社会を揺るがすような事件が起きました。ボストン日本人学校は二〇年以上、ボストン近郊のメドフォード市の高校の教室を土曜日のみ借りてきたのですが、そのメドフォード市が、昨年から施設を貸しつづけることに難色を示し、日本人学校側が学校移転をするかどうかといった問題が起こったのです。メドフォード市の言い分では、二〇年以上日本人学校に施設を安い価格で貸しているが、この市に住む日本人はいないし、日本企業もやって来ない、また日本の文化の紹介といった面でも何もやってこなかった。これでは「ただ乗り」ではないか、と言うのです。そこで要求して来たのは、施設レンタル料の大幅値上げと、何か市に文化的貢献をしてほしい、例えば日本庭園を造るといった、ということなのでした。そこで、市側と学校側がもめている時に、なぜかボストン日本総領事館（日本の外務省管轄）の方から、そんなに文句を言われるようなら、日本人が多く住み、親日的なブルックラインに学校を移転してはどうか、という提案が出されてきたのです。ところがブルックラインは市街地で交通の便が悪く、駐車場も少ない上に、借りる施設が分散する可能性が出てきたので、上や下への大騒ぎ、ということになってしまったのです。

近所の山口さんとバーベキューをしながらこの話題について話が出ました。

「二〇年間も何もやって来なかったなんて馬鹿だよねぇ」

「せめて年に一度こんな風に焼き鳥でも焼いて縁日でもやって、地域の人に日本文化をアピールしていれば、文句は出ないのにね」

「これからでも、セイジ・オザワの指揮を市のホールに貸すとか、利根川進の理科教室を現地小学校で開くとかすれば、関係はうまくいくのにね」

「場所を移っても同じことが起きるだけだよね。最後に行くところがなくなっちゃうよ」

と。

彼らの意見が辛辣なのは、もちろん彼らの三歳になる息子が日本語学校幼稚部に入園拒否され、その後の対応でも嫌な思いをしているからなのです。

でもおそらく、多くの家族が、「きちんとメドフォード市と交渉をやっていってほしい。これからはコミュニケーションを密にして関係を良くして行ってほしい」と思ったに違いありません。でも、この「交渉とコミュニケーション」って、日本人会にとって、あるいは多くの日本人にとって最も苦手とするところなのではないでしょうか。この問題は半年経った今でも解決を見ていません。

そして、ボストンのみならず、世界各地の日本語学校、補習校で似たような施設のレンタルを巡る現地自治体との問題はしばしば起きていて、自治体を転々とする学校も珍しくないということなのです。

本当のコミュニティって

同じように留学中の夫の友人の政治学者、進藤兵さんが手紙にこういったことを書いていました。

「ロスアンジェルスのリトルトウキョウのJapanese American National Museumに行って、ニューヨークにもボストンにもない本当の日本人コミュニティがここにはあると思いました。一つの民族がかつて第二次世界大戦下で収容所に強制収容され、集団で従属や弾圧の経験を経て、それを乗り越えてる中で初めて真に連帯し合い自分たちの文化を尊重するコミュニティをつくりあげたものがここにはあるのです」と。

確かに、ボストンの日本人社会を始めとした多くの日本人コミュニティは、そのような歴史を欠いていて、それが、他の迫害を経験して来たコミュニティとの決定的な質の違いを生み出しているのかもしれません。でも何か契機がなければ日本人は変われないのでしょうか。さらに、日本人同士の関係で連帯できないものが、他の国の人々と果たして連帯することなんてできるんでしょうか。

個々の日本人が、ありのままの日本人として、卑屈になりもせず、えらぶりもせず、「私たちは、アジアの片隅の小さな国から来たが、一応そこには古い歴史や伝統があって、昔から普通の庶民が、いろいろなものを生み出す文化やパワーを培って来た。きっとその優れたところは、現代の文化やものづくりにも息づいている。私たちはそういう部分を誇りに思っている。でも、私たちの国の政治やシステムには近代的でない部分も多く、これから改善していかなければならない点も多い。そして例えば先の大戦で他のアジアの国でひどいことをしてしまったことを、多くの人はすまなく思い、二度と繰り返してはいけないと心から思っている。

日本語と西欧の言語とはかけ離れていて、あるいはわれわれはこれまで他言語によるコミュニケーションの能力を重視してこなかったので、今はうまく伝えられないこともあるけれど、私たちは、あなたたちときちんと対等にコミュニケーションしていきたいと思っている。どうか辛抱強く聞いて、私たちとつきあっていってください」

なんて普通に言えることってどうしたらできるのでしょうか。そういうことを「国際化」っていうんじゃないでしょうか。

17 ある日本語学校紛争の解決

突然、学校から面接の電話が

二月のある土曜日の夜、山口さんが出張先で買ったというプエルトリコ産テキーラを持ってわが家にやってきました。

今日は、ボストン日本語学校で、山口さんの四歳になる息子、太陽君の幼稚部編入に際しての面接があったのでした。結果は数日後に郵送されるのですが、面接に居合わせた全員が今回は大丈夫、という手応えを感じていたのでした。

思えば昨年の八月の終わりに、太陽君が日本語能力の不足を理由に入園を拒否されて、その際、同席した父親の山口さんと母親のアイリーンが学校側の無神経な対応に傷ついて、すぐに学校に質問状を送ってからもう半年。その間、国際結婚家庭の子どもたちの教育への配慮を訴えた一〇〇名以上の署名を集め、学校長や運営委員長に質問状や手紙を送付し、一二月に学校側、ＰＴＡ代表との話し合いを持ち、一月に、学校側から突然なぜか「この日に面接に来る様に」との電話があり、事態は急展開したのでした。

「終わる時は、案外あっけないもんだね」

と夫。

彼は教育法が専門で、日本語がほとんど書けない山口さんに代わってこれまで手紙や長い質問状を書いていたので、

「ただでプロの仕事をやったんだよ。これまでにかかった時間を返してよ、といいたい」

と言っています。

それでも嬉しそうに、アルコール度三八度のテキーラを飲んでいるうちに酔いつぶれてしまいました。

山口さんもこの晩は絶好調で、塩をなめたりレモン汁を口に入れたりしながら、テキーラをがんがん飲んでいます。

太陽君の面接

前日まで、山口さんたちが面接にきちんと臨むかどうか不安でした。これまで二度の面接とその後の学校側の対応に嫌な思いを味わい、数日前までは、

「突然、面接に来いなんて、わななんじゃない。校長と話すためにだけ行くよ。もし面接が始まったら、すぐにその場で帰る」

と彼は言っていたのでした。

せっかくこれまで、とにかく太陽君が入園できる様にお膳立てしてきたのに……でも山口さん夫妻の学校側に対する怒りももっともだし……仕方ないか、と、私もやや悲観的な思いでいたのでした。

それが、やはり国際結婚妻のルルさんの、

「太陽君にとってどうすることが一番いいか考えてみて。そして署名してくれたたくさんの人の気持ちも考えてみて。みんな太陽君に入園してほしい、と思っているのよ」

という助言に心を動かされた彼が、直前になって、申し出に応じて面接を受けることを決心してくれたのでした。

「うちの死んだ親父は、日本の教育制度に批判的で、東京に住んでいたのに、兄貴と俺を小学校からインターナショナル・スクールに入れた。でもそれで、兄貴も俺も、日本語の読み書きがうまくいかなくなっちゃった。日本にいる兄貴は今、原稿を書く仕事をしているのに、日本語の文章を馬鹿にされることもあったりして、一時は親父のことを悪く言っていた。ここで俺がチャンスをつぶしちゃったら、太陽にうらまれるかもしれないからね」

後で彼はそう言っていました。

「私はたまたま白人に生まれたから、この国でこれまで差別を感じたことがなかったけれど、日本語学校の面接で生まれて始めて本当に差別を受けたと感じた。母親がアメリカ人だ、ということで、面接教師は明らかに最初から違った対応をしていた」

と言って、「人種差別をする団体に公的施設を貸すのは問題ではないか?」という趣旨の手紙を現地教育委員会に宛てて書き始めていたアイリーンも、

「今日は、ここの先生が、太陽を愛してくれるかどうか、判断するだけ」

と実に毅然としています。

そして、その面接の場で、彼らは学校側の対応が明らかにこれまでと違ってきてることを感じたのでした。何度も訴えた結果か、日本語学校幼稚部では、研修の機会を持って、入園許可の基準を「簡単な日本語を話せる」から「簡単な日本語を理解できる」まで、実質引き下げ、同時に明確化したのです。さらにこれまで一人で当たっていた面接教師が複数になり、校長も立ち会うようになったのでした。そして、面接に用いる遊具なども、きちんとしたものが統一的にそろえられていたそうです。これだけ言えば当たり前のことのようですが、逆に、これまでどんなに杜撰に面接が行なわれていたか、察することができると思います。

当日太陽君の面接に当たった幼稚部の教師は、最初顔が引きつっていて、「アイリーンの通訳」という名目で面接会場に入っていた夫に言わせると、

「まさに幼稚部の命運を背負っている」

という感じだったそうです。

彼女は、最初面接に居合わせた全員に、握手をして自己紹介をすることから始め、実にがんばってくれたようです。最初は緊張していた太陽君が、途中から心を開き、「犬はどれ?」という質問

にイチゴを指差し、「この色は何？」に「ブラウン」と答え、「ブラウンは茶色だよ」という教師の言葉を理解して繰り返したのでした。

心配してドアの外で覗いていたルルさんも、

「太陽はよくがんばった」

と言っていました。

長い面接が終わった時、夫が面接教師に「先生、ナイス・パフォーマンスでした」と思わず口走ったとか。その後、夫が校長と、これまでの確執からけんかをしそうになったことを除いて、無事にすべてが終了したのです。

その後、山口さん家族とルルさん、そして夫が、親に開放されている学校のカフェテリアでコーヒーを飲んで休んでいたら、休み時間になって、七歳になるルルさんの息子ケイちゃんとうちの娘が心配して自分の教室から走ってきたのです。

「太陽、面接どうだった？」と。

それを見て山口さんは思わず泣きそうになった、と言っていました。

「授業の間、このカフェテリアで週に一度のおしゃべりに夢中になっている日本人のお母さんたちは、みんな本当にロンリーそうに見える。でも、その中で俺たちだけはロンリーじゃなかった」

と。

教育行政がバックにいないから

学校がこのように態度を軟化させたのは、もちろん海外のコミュニティでは前代未聞の署名活動を行なったことなども影響しているとは思いますが、何といっても一二月に持たれたＰＴＡ代表との話し合いが大きな意味を持っていたと思います。

そこで、署名をするまでの経緯と日本語学校への国際結婚家庭の子ども受け入れの要望について、山口さん、大塚さん、そして夫が意見を述べたことで、数名のＰＴＡ役員が共感してくれたのでした。そのうちの一人は自分も国際結婚をしておられる方でした。また、私が中学部で授業を担当しているクラスの生徒の父母の方も混じっていました。

この学校は、小さいコミュニティにたった一つの学校なので、誰もが、ともに親で、あるいは、運営委員で、ＰＴＡ役員で、教師で、と、とても狭い関係の中にいるので、相手がどんな人間で、どんなことを考えているか、主張していることがまともかそうではないのか、結構わかってしまうのです。その父母は、教育実践に暖かい目を注いでくれているような人でした。

それまで校長の態度が硬化していたために行き詰まっていた交渉が動き始め、ＰＴＡから幼稚部への働きかけもあり、一時は幼稚部教師たちがフラストレートしたという噂も聞きましたが、今日の一つの解決——第一歩ではありますが——を迎えたのです。ただ、問題の、前回の面接に当たった教師が、年度末で退職することに決めてしまったのは残念でした。彼女にはきちんと事実を見つめて、やり直してほしかったのです。

この学校は海外補習校で日本政府からの補助も受けていますが、制度的には私立学校です。最終的な意思決定機関は、父母の代表と校長、主任部長からなる運営委員会です。そして運営委員の多くは、在米数年の企業関係のお父さん、お母さんたちで、ＰＴＡ役員と兼務している人が多いのです。したがって、教育行政の「専門家」と言えるのは、校長一人。バックには日本の在外教育財団などがあるはずですが、その存在は遠く、日本国内のような、校長に対する教育行政のバックアップはないのです。

日本では、学校紛争において、校長の正気とは思えないような言動や行動が、なぜか教育委員会のお墨付きをもらってまかり通ってしまうような事態を腐るほど目にしていたので、今回、学校運営が親の普通の感覚で常識的な方向へ動いて行ったのには、新鮮な感じを受けました。ここでは、校長が、無理を押し通そうとすると、孤立してしまうのです。逆にいえば、日本では文部省、教育委員会、校長といった縦の強力なラインが、サービスの受け手の親や子ども無視で勝手なことをすることが多いわけで、考えてみれば、壮大な無駄なものが存在しているといえるのでしょう。

金八先生のシナリオを読もうとしたら

そんなことを言っているうちに私もこの学校で働きだしてもう一年。教員という立場で前述のような運動をやったおかげもあって、幼稚部や古い先生たちからきっと蛇蝎の様に嫌われているのでしょう。まあ教員数が四〇名弱と多いので、冷たい視線にも臆せず、子どもと、親と、比較的新しい先生方とだけ仲良くして、長く勤めるわけじゃないからいいや、と居直って年度を終わろうとしています。

ある先生たちは、生徒や親の要望を受け入れていくようなスタイルも気に入らない様です。

先日、担当の中二の国語で日本のドラマのシナリオを読む単元があって、クラス全員で役をふって朗読大会をしたら盛り上がったのです。その直後、普段は決して積極的でない生徒から「三年B組金八先生」のシナリオをみんなで読みたい、との要望があったので「ビデオを貸して。よかったら一シーンだけやってもいいよ」と答えたのです。

見てみたら、その金八先生と生徒全員との話し合いのシーンは、日本独特のある種、濃密な関係の教育実践の雰囲気がよく出ていて感動してしまったのです。そこで描かれていたのは、問題行動を生徒一人だけの問題とせず、クラス全体の問題として、その自治的な力で解決していこうとする良質な集団的な生活指導のスタイルだったのです。

提案した生徒は、幼児期からアメリカで育ち、日本の学校経験がないのです。きっと、アメリカには決してない金八先生の熱くてウエットな涙と感動の教室に共感したのかなあ、いじらしいなあ、と思ってOKを出したら、さっそくベテランの先生からクレームがつきました。

すなわち、事前にシナリオを配ったところ、

「いじめ、体罰といった内容がアメリカ育ちの純真な生徒の気持ちを害するのでは……。また、

一部の生徒の意見のみを聞いただけではないか。全員に内容を確認した上で了承を得たのか」というのです。

思いおこせば、親の意見交流のために交換ノートを回した時も、帰国する生徒のお別れバーベキュー・パーティーをした時も、クラス対抗スポーツ戦をやりたいと希望を出した時も、その先生にはいつも反対されていたなあ、と感慨深いものがありました。何となく、日本語学校の教師は権威を持って臨むもの、親や生徒の言うとおりにするなんてもってのほか、みたいな感覚があるのかもしれません。「学校は大きな組織だから」とよくおっしゃいます。「それ以前に、学校は最も人間的な関係であるべきじゃないの?」と言いたくなってしまいます。日本の学校もこうなんでしょうか。もっとも一年目から勝手にやる教師は私くらいかもしれません。でも、「みんなでつくる学校」のちっぽけな集団で、それも週一度の学校で、教師が権力をふりかざしてどうしようっていうんでしょう。

山口さんなら、
「きっとロンリーな人なんだよ」
って言うだろうなあ、と思いつつ、授業でシナリオをクラス全員で役をふって読み終え、ますます嫌われる私なのです。

18 「金八先生」のあり方は日本的？

生徒たちによる金八先生シナリオ朗読

「だから、ぼくがみんなを代表して……」
「待ちなさい。なんでクニヘイが代表なんだ？」
「…先生のことが好きだから…」

三年B組の教室で、涙ながらの説教の後に、金八先生が生徒の代表の頬を殴るシーンのこのセリフが、生徒たちは大好きで、教室でふざけてやっています。

ボストンにある日本語補習校の中二の教室でのひとこまです。国語の教科書で日本のドラマのシナリオを読んだのをキッカケに、生徒から要望のあった、テレビドラマ「三年B組金八先生」の一シーンを、クラス一八人、みんなで役を振って朗読することになったのです。

このドラマは一年以上前に日本で放映されたのですが、ここボストンではリアルタイムで日本のドラマを見ることは難しいのです。われわれが見たのも、提案者の生徒の親戚が、日本で再放送されたものをまとめてビデオに録画して送ってくれたものでした。ただ、この秋に渡米したばかりの二名の生徒は、日本でしっかりドラマ全部を見ていました。そんなことからも、これが、中学生に人気のドラマだったことが良くわかります。

とにかく、彼らはみんなでこのシーンの朗読をするのが楽しみで、三月の今年度最後の授業日にも、もう一回やってみることになったのです。ある生徒は自分と等身大の、日本の中学生の役を嬉しそうに演じ、ある生徒は金八役を机を叩いて熱演していました。

アメリカで育った純真な心を持った生徒たちの心を害する

しかし、これを教材として取り上げるにあたって他の先生からの批判がありました。「いじめ、体罰、〝人の心をふみつぶす〟といった内容がアメリカ育ちの純真な生徒の心を害するのでは」というメールが来たのでした。これには驚くとともにさすがに怒りました。

「内容はいじめや体罰を賛美したり煽ったりするようなものではないし、いったいどこが〝心を害する〟と思われたのですか?」とメールで質問したら、「扱われ方はどうであれ、いじめや体罰を扱う場合は慎重であるよう同僚としての老婆心から申し上げる」という返事が返ってきました。一応、この学校ではベテランのその先生の子どもは、私のクラスの生徒でもあるので、事態は余計複雑でした。でも、私自身、生徒から奨められたこのシーンに結構感動して、とても〝心を害する〟とは思えないし、その生徒本人がアメリカ育ちで、アメリカにはいないタイプの熱血教師に感動した、とも言っていたし、また、生徒たちもやる気になっていたので、その先生には、「具体的

に問題個所があったら説明するので教えてください。」と質問を繰り返しつつ、決行してしまいました。

それはこんなシーンでした。

下町の中学の荒れた学級で、体罰を繰り返す担任教師に対する生徒による集団暴行事件があった。休職した教師に代わった臨時担任、坂本金八は、生徒たちと約束をする。「私は君たちの心をふみつぶさない。君たちにも誰かの心をふみつぶしてほしくない。もし、また誰かが人の心をふみつぶしたら、この約束を破ったら、その時は私がそいつをぶっとばします。これは人間と人間との勝負です。」と。しかし、いじめの中心の少年――彼自身がひきこもりの兄による家庭内暴力という問題を抱えている――はまた仲間を煽り、教室に来た老人をからかってけがをさせてしまう。「約束」を破った生徒たちに対し、金八は教師生命をかけて説教する。からかいを傍観していた者も含めて、クラス全員の責任であると。そして、自分たちが悪かった、と理解した生徒たち何人かの頬を叩く。

この、教室での涙の説教シーンを取り上げたのです。

その後、「あの体罰は必要だったのか」という生徒と親の意見を、クラス通信でしつこく取り上げて、結構この議論は盛り上がったのでした。多くの生徒は「約束を破ったのだから仕方がない」という意見でしたが、「生徒はもう反省していたのだから体罰は必要無かった」という意見もありました。また、親たちからも賛否両論が出され、元教師のお母さんからの、体験に基づいた「体罰はつらく悲しいだけ。教育的効果はない」というファックスもいただきました。ついでに教育法が専門の夫も匿名で、クラス通信に投稿してくれました。「体罰に教育的効果はないのは明らか。しかし、あのシーンにおいて、彼は人間と人間の勝負の怖ろしさを伝えようとした。でもそれでもやはり体罰は必要でなかった。それはすでに十分に生徒に伝わっていた」と。

日本の教師とアメリカの教師の違い

提案者K君の意見は次のようなものでした。

「金八先生は、親に言いつける前に、生徒に悪いことをしたことをわからせるために叩いた」

たくさん感想を書いてくれた生徒が多い中、彼はたった一行書いただけでしたが、深い内容だと思いました。

四歳で渡米し、これまですべての学校生活をアメリカで過ごした彼は、アメリカの教師と日本の教師との違いの本質を突いていると思ったのです。そう、アメリカの教師は、こういった生徒の問題行動を、問題行動を起こした生徒本人の親の責任とするのです。家庭でのしつけがなっていない、民主的な教室にふさわしい人間に育てていない、親の責任を果たしていない、と告げ、家庭の問題として押し付けるのです。

このドラマのように、直接手を下した生徒以外にも、はやした者、見ていた者も含めて、学級全体の問題だとして追求して行き、また教師がそれに強い責任を感じて、集団的な生活指導をしていく、というのは実に日本的なのです。また、教師が、生徒の家庭のかなり私的な問題にもどんどんコミットして、解決していこうとするのも日本的です。彼はそんな、見たこともない教師像に感動したんだと思いました。

もっとも、こんな指導ができる教師が、日本にどれだけいるか、といったら、少数でしょうけれど。とにかく日本の生活指導の伝統的な良質な一面を、金八先生のこのシーンは表現していると私は思ったのでした。

脚本家、小山内美江子が、現在は教育評論家になっている東京都の某元中学教師をモデルにこのドラマを書いていることは有名な話ですが、私も読んだことのある、その人のいじめ問題や思春期問題の本にあった生活指導のスタイルが、このシーンなどに実によく表れていると思いました。思春期の子どものもろさや危うさ、この時期の集団の重要性などをよく理解した上での指導のスタイルのように思われました。

一方で、アメリカの子どもの問題を取り上げる時、よく指摘されるのは「ファミリープライバシー」の強さなのです。多くのことが、家庭の私事、家庭の責任ということで片付けられてしまいます。しかし、その家庭自体が社会のひずみを受けて何らかの問題を抱えていたり、病んでいたりするような場合、家族だけで解決していくのは難しい場合が多いのです。もちろん問題を感じた親は、専門家に相談していく場合があるのでしょうけれど、その際に、教師がその相談相手になるということは、きわめてまれなのだと思います。また、家庭の自己責任という名目の下で、子どもの非常に深刻な事態が放置されているケースもこの国では結構あるのではないでしょうか。児童虐待とか、貧困家庭の問題などが典型だと思います。

さらに、この「ファミリープライバシー」の強さのために、アメリカでは伝統的に「子どもの権利」という発想が弱いのです。一見、子どもたちはこんなに自由で豊かに見えるのに。

現在、一九八九年に国連で採択された、日本でさえ一九九四年に批准した「子どもの権利条約」を批准していない最後の二カ国のうちの一つがアメリカなのです。子どもの権利を認めれば、親や共同体の文化がこわされ、継承が妨げられる、というのが反対の強い理由のようです。ヒラリー・クリントンも、一九七〇年代までは弁護士として「子どもの権利」という言葉を使っていましたが、大統領夫人になって、保守派から「ヒラリーは子どもの好き勝手にやらせるやつ」と批判を受け「子どもの最善の利益」としか言わなくなってしまった、というのもよく知られたエピソードです。

大事なインナーアカウンタビリティ

もう一つアメリカの教師の特徴は、教師同士の関係が希薄なことです。金八先生のように、教師たちが協力して生徒の問題行動に立ち向かって行く、などということもこちらでは考えられないことだと思います。生活指導面に限らず、授業や教材の研究の面でも教師たちが共同で取り組んで行くのいうのはこちらでは極めてまれなケースの様です。

聴講していたハーバード大教育学部の教育行政の授業で、日本の学校を取り上げて、校内研修も、官製研修も、教員組合による研修も、民間教育団体における教師の研究も何もかもごっちゃにして、「日本の教師の共同での研究スタイルはすばらしい。教育の質を高く保っている。アメリカも見習わなければならない」と言われたときには、本当に驚いたものでした。日本においてそれらは対立的である場合もあるというのに。しかし、アメリカでは教師たちが、どんな場であれとにかく共同で何かを勉強する、研究するということ自体あまりなくて、教師は、結構孤独な仕事であることを知ると、さもありなん、という感じです。こちらでは、教員組合は、加入率は高いのですが、あくまで労働組合であり、日本のように組合主体で教育研究活動をしていくことは絶対にありません。また、教師の社会的地位も日本よりははるかに低く、景気もまだ良いせいか、教師になって五年以内の離職率が極めて高く、人材の確保が深刻な問題となっているので、教師になりたくてもなれない日本とは事情はずいぶん違うのです。

しかし、今、アメリカにおいて「教師の共同での取り組み」の重要性がきわめて着目を集めているのは確かです。それは、皮肉にも、外に対する説明責任を重要視しているチャーター・スクールでの実践で確認されているのです。最近日本でも流行りの「チャーター・スクール」ですが、基本的には、従来の自治体による運営ではなく、別の母体が公金で学校運営をするというのが基本的なチャーター・スクールの性格です。

いくつかのチャーター・スクールに関する調査研究を読んでみて興味深かったのは、学校がチャーターになることによって、外に対する説明責任以上に、内に対する説明責任の重要性が明らかになったということでした。すなわち、学校と、親や行政や地域との関係である「アウターアカウンタビリティ（外に対する説明責任）」が決定的に重要と思われていたけれど、実は「インナーアカウンタビリティ（内側での説明責任）」つまり、学校内で責任をとっていく体制、というか教師同士の共同関係の方が、重要だということがわかったと言うのです。でも、これって、日本の学校に以前からあった「学校自治」とか教師の共同的な体制とまるで同じことといっているみたいに感じてしまったのは私だけなのでしょうか。これから実際にチャーター・スクールに行って実態を見てみないとわかりませんが、何だか日本の民主的な学校運営の優れた伝統を後追いしているだけのようなイメージすら受けてしまうのです。

下町の教師たちは今

金八先生のドラマを見て、東京の荒川土手のある下町の風景を懐かしく思いました。数年前、アメリカに来る直前に東京都足立区の「学校選択制度」に関する調査研究のチームに加わっていて、よくそこを訪れたのでした。あの時、行政における当時の「学校選択制度」の導入のねらいの一つが、教員組合勢力の分断であったことを思いだします。組合勢力の強い学校に「荒れた学校」「ダメ学校」の情報が流され、親や生徒がそこを敬遠するような事態が起こったのでした。実際そういった学校は、大量の教員人事異動などで教員間の足並みが乱れ、事実一時的に「荒れ」てもいたのでした。

でも、あの地域には、何人もの優れた先生たちがいました。家庭で問題を抱えた生徒の問題行動に体を張って立ち向かっているような先生もいました。そして一生懸命学校を立て直そうと奮闘している親たちもいました。最近、足立区にふたたび、今度は完全な学校選択制度が導入されたとニュースで聞いて複雑な気持ちになりました。あの人たちは一体今どうしているんだろう。困難な状況の下で。

アメリカにおけるチャーター・スクール導入などの「学校選択制度」にも、日本の場合とまったく同じ傾向があるのは否めません。チャーター・スクールは一部では教員組合勢力の分断に使われています。すなわち、行政と教員組合の「コントラクト（契約書）」適用外の学校として、非組合員の若い優秀な教師を集めて、長時間労働による高いテストスコアを達成するといったタイプの学校が存在するのです。そんな学校が一部の親の支持を集めているのです。まあ、公立学校の間にランクをつけ、「良い学校」「ダメ学校」のレッテルを貼って行く時、意図的に何かに利用されることはどこでも同じなのでしょう。

19

春に日本を憂う出来事
——日本の大学の不思議なあり方

四月一日から夏時間になって数週間、ニューイングランドはいきなり春になりました。モクレンやヤマブキなどの豪華な花が一斉に咲き、夕方はいつまでも明るく、家に帰る気がしません。日本のような桜が咲く煙ったようなやわらかな春ではなく、夏の始まり、といった感じの春です。

そういえば、昨年、日本語学校で「春はあけぼの」の枕草子を教えた時に、どの季節描写が一番好きか聞いてみたら、アメリカ育ちの子どもたちは、誰も「春」とは答えませんでした。「むらさきだちたる雲の細くたなびきたる」なんて、デリケートなぼおっと霞んだような春はここには存在しないから、共感できなかったのかもしれません。

でも、この春は、私にとっては結構つらい春でした。三月三〇日から約三週間、夫が勤務する国立大学に行くために日本に帰国しなければならなかったのでした。いくら一年半以上住んで慣れてきたとは言え、子どもと私だけでアメリカで生活するのは心細いものでした。

なぜ彼が日本の大学に出頭しなければならなかったかというと、留学延長は認められない代わりに、一旦帰国しての再度の長期研修なら構わない、という大学側の、私にとってはとても不思議なお達しのためでした。

大学側との不毛なやり取り

そもそも夫が留学期間を延長しようとしたのは昨年の秋からでした。現在書いている英語の研究論文を完成するのに、どうみても半年以上かかるというのが最大の理由でした。さらに、知人の大学教師から、州立カレッジで二〇〇一年度夏学期の集中講義をやってみないか、という誘いもあって、それにも乗り気だったのでした。さらに、所属するプログラムのスタッフから、ちょうど他の研究員が入れ替わってしまった時期なので、できることならばもう少しここに残って研究を継続していってほしいとの要望もあったのでした。

夫は、まず、自分の勤務する大学の二〇〇一年度の講義予定を、後期に集中させてもらって条件整備をしておいて、一二月頃、所属する学科の方に了解を取ればどうにかなるだろうと、たかをくっていたのでした。条件整備のほうはなんとかうまくいったのですが、留学延長許可をもらうことに関して思いっきり難航してしまいました。

聞けば、夫の大学のみならず、よその国立大学の教員の場合も、昨今、留学延長をすることが困難になっているのだそうです。イギリスの大学で研究していた、ある国立大学の先生も一〇カ月滞在して、あと二カ月延長しようとしたら、学部長から、

「延長したらあなたのポストはなくなるかもしれない。うちの大学は教育をしている大学で研究

をする必要はないのだから、あなたが研究を続けることはない」

と脅されて、やむなく一旦帰国してまた戻った、という噂も伝わってきました。後に、夫もこれとほとんど同じロジックを使われ、

「あなたのポストの保証はない。うちは研究をするような大学ではない」

というようなことを言われることになったのでした。

これというのも、行政改革の一貫として、国立大学が将来、独立行政法人化することがどうやら決まった中で文部科学省主導で「大学改革」が進められ、大学関係者が戦々恐々しているせいとか。留学延長を認めることは、五年後の独立行政法人化への移行の際の大学評価でマイナス要因になる怖れがあるらしいのです。また、海外長期研修中に公務員が海外の大学で非常勤講師などを務めることは違法になるというのです。彼が、

「東大の先生がロースクールで集中講義をしている。制度上は連続講演会の形を取っているようだけど、そういうふうにしてもらえないのか」

と問い合わせたら、

「東大とうちでは大学の序列が違うから……」

と断られたようです。

噂に聞く、日本の国公立大学の機能別序列化というものが刻々と進展しているのを身近に感じてしまいました。

留学は遊び？　ご褒美？

大学の教員たちの中にも、海外留学は長期バケーションのようなもので、延長するなんてもってのほか、といった考え方があるのは否めません。夫も、こちらに来てどのような研究をしてそれがどのくらい進展しているのか、そして、どのような点で苦労しているのか、日本の大学に長いメールを送ったのですが、その内容うんぬんよりもやはり「このご時勢に何を非常識な」といった反応が多かったようです。実際に研究費の削減が行なわれ、ポスト減もささやかれる中で、教員の中にも「今は留学なんて言っているときではない」といった風潮が急速に広まっている様でした。そんな行革ムードが始まる前にアメリカに来てしまっている私たちにとって、あまりにその空気が違いすぎていて、違和感しか感じ取ることができませんでした。

確かに、一〇カ月から一年程度の短い留学期間を長期観光旅行として割りきって楽しんでいる大学教員がいることは否定できません。ただ、その背景には、在外研究として規定された留学期間があまりに短いので、語学力の点からも、生活に慣れる面でも、充分研究生活に打ちこむことができないまま、あれよあれよという間に帰国になってしまうというケースが実に多いように感じました。

夫の場合も、最初の半年くらいは土日も研究室に通いつづけ、やっとプログラム内の人間関係も安定し、その上で、研究していることをある程度認められるようになるのに一年以上かかってしまったようです。語学力や適応能力の違いもありますが、あまりに短期の留学はかえって「税金の無駄遣い」に思えるのは私だけでしょうか。

また、大学教員はまだしも、一応こちらで研究にコミットしている人が多いと思うのですが、各省庁から派遣されている多くの留学生の中にこそ、これが税金の無駄遣いでなくて何が税金の無駄遣い、という感じの人たちが多いというのは、こちらに来ている人たちの共通認識ではないかと思うのです。

今年度、いい加減にやっても卒業できると評判のハーバードケネディスクール（総合政策学部のようなもの）への通産省一省からの留学だけで十数名（定員二〇〇名くらいのうち）だと聞くと、日本の税金はこういうところに流れ込んでいるんだなあ、とつくづく思います。エリート官僚にとって、海外留学はもらって当たり前のご褒美のような感覚なんだと思います。世界各地に思いきり旅行して、冬はスキー、夏はリゾート、といった感覚の人を見うけると、こういうところでしっかり行政改革してほしいと切に願ってしまうのです。

観光ビザで再入国かオーバーステイ？

それにしても、日本の国立大学に彼が留学延長を打診してから、約三カ月間にわたる電話とメールの交渉が続けられ、延長が不許可となり、結局一時帰国が決まるまでの日々は実にスリリングでした。帰るとしたら、レンタルしている家を明渡し、車や電化製品も整理して、娘も私も学校を途中でやめていかねばならないのです。交渉が長引くうちに、滞在期限である三月三一日は刻々と迫ってきます。彼と同僚や学部長とのやり取りや日本からの回答に一喜一憂する日々が続きました。

でも途中で腹をくくりました。彼がどうなろうと、私たちは夏まで滞在しようと決心したのでした。娘の小学校の学年が終わるのは六月二〇日、私がとっている大学の授業が終わるのは五月初旬、そして、勤務している日本語学校の教職の仕事は、六月いっぱいで夏休みに入ります。日本語学校は慢性教師不足で、校長に働くように奨められているし……。そして私の日本での仕事は、九月からしか予定が入っていません。少なくとも私と娘にとって四月に日本に帰る必然性は全然ないのです。

ただし、そこには一つの問題があります。私たちは夫がJ１ビザ、私がその配偶者が持つJ２ビザ、という研究者とその家族向けの種類のビザで、アメリカに入国しているのですが、留学機関の関係で一旦出国すると、二年間は同種類のビザが発行されないという制約があるのです。もし帰国した場合、今度は三カ月期限の観光ビザで入国するしかないのです。そしてJビザ取得者は、夫が帰国する場合、滞在許可証が夫婦同一で、その期限が来ている際は、妻や家族も一緒に出国しなければならないのです。

しかし、長期滞在の後で、一旦日本に帰国して、すぐアメリカに観光ビザで入ろうする際に、空港の税関の移民局によって入国拒否を受けるケースがあるということを、何人かの人たちに聞きました。観光ビザで繰り返し入国してアメリカで労働するケースを防ぐためにチェックが厳しい様なのです。

特に、親しくしている国際結婚組の家族たちは、私たちが入国拒否に遭うことをとても心配していました。

「入国拒否になる危険性を考えると、違法でもアメリカにオーバーステイしたほうがいいよ。オーバーステイを翻訳すると〝不法滞在〟になって、言葉は悪いけど、要するにただのオーバーステイなんだから。帰る日にちをまちがえちゃった、と言えばいいんだから。罰則だって軽いはずだし」

と山口さんはいい加減なことを言っています。

夫に話すと、

「さすがに国家公務員の家族が不法滞在するとまずいからそれだけはやめて」

とあわてていました。

そこで、私たちもとにかく夫と共に帰国して、一週間か一〇日位の滞在の後に、入国拒否の危険はあるけれど、先に戻って、夫が大学から何とかアメリカに戻してもらえるのを待とう、ということになったのでした。

救いの神はハーバード

ところが、救いは思いがけないところからやってきたのです。家族全員分の飛行機のチケット

も予約した後で、ハーバードの彼のプログラムの職員のほうから、

「八月までの滞在許可証を用意したから取りに行くように」

と指示があったのでした。

これは寝耳に水だったのですが、彼のプログラムのスタッフが、彼の様子を心配して、また家族の負担も考えて、とにかく今の研究を完成させるまで滞在させようと、勝手に滞在許可証の延長の手続きを取っていてくれたのでした。大学が勝手に延長許可が出せるとは夫も私も知らなかったのでした。太っ腹というか、いい加減というか、さすがハーバードと思ったことは言うまでもありません。

そのおかげで、私と娘は、一時帰国しないで済むようになり、夫のみが、三月三一日日本に帰国したスタンプをもらい、職場の皆さんにお詫びに回ってから再出国させてもらうべく帰国することになったのでした。プログラムの助教授のピーターは、

「君が日本の同僚たちに謝っている様子をぜひビデオに撮ってきて見せて」

と言っていたそうです。

また女性スタッフは、

「ハーバードみやげを買っていって下手に刺激するといけないから、あの店のニューイングランドみやげのお菓子を買っていって配るようにしなさいね」

と気をつかってくれたそうです。

そんなこんなで、帰りの日は未定のまま、すなわち様々な手続やビザの再発行を終えないと戻れないけれど、それまでどれくらいかかるかわからないという状態で夫は日本に向かいました。こういう状態で待つのって、すごく心配というか、たとえは悪いですが、今回初めて、戦争に夫を送り出した妻たちが待つのはどんなに嫌なものか少しだけわかったような気がしました。果たして帰って来れるかどうかわからない可能性がちょっとだけでもある中で待っているというのは本当にいやなものなんだなって。

日本の未来はクラい？

でも今回の家族でさえも消耗するやり取りを経験して思ったのは、何だか未来は暗いなあ、ということでした。大学関係にしても、みんながいつのまにか危機意識を共有してしまっていて、それも外から見ると、不思議な感じがするのです。さらに、合理的な判断でそれを切りぬけようとするのではなくて、何だか精神論で打開するぞ、みたいな感じなのです。その方向に行かないやつは、糾弾するぞ、といった雰囲気さえありました。外国で成果をあげて持ちかえったほうが、長い目で見れば共通の財産として将来的にはプラスになる、といった発想は全然感じられないほど、ある種、差し迫った危機意識があるような感じでした。

大学でさえそうなってしまったら、社会全体ではどんな閉塞的な感じなんだろうなあと、帰るのが不安になります。

最近、こちらに駐在していた日本企業の技術者の方が、会社ごと日本に撤退するので帰国するという話も、いくつか耳にしました。やはり景気が悪いからなんだろうけれど、たまたま同じ授業に出ている経済企画庁派遣の人に「日本の景気はどうなるの?」って聞いても「当分ダメでしょうね。もっとわるくなるかも」なんて他人事みたいな答えしか返ってこないし、何だか日本の未来はクラいなあ、と思う今日この頃です。

20 ボストンのチャーター・スクール――その1

ボストン・レッドソックスに今年から野茂が入って活躍中、イチローのマリナーズとの試合の時は、日本からツアーが来るようになったとか。ギンザという高級日本レストランへ行けば、イチローに会える、などという噂もこのへんの日本人の中で聞かれるようになりました。

レッドソックスは現在リーグ首位で、本当に地元では大人気……なのですが、その本拠地フェンウェイ球場がいかにみすぼらしいか、ご存知ですか。神宮球場を見なれた私の目にも、そのあまりの小ささ、市街地の空き地に合わせて建てられたため変則的な形の外野席、ネット裏とグラウンドの隔てがあまりなくて内野席から選手がすぐそばに見えること、そして、板がはってあるような感じなど、とにかく驚くべき場所に見えるのです。夫曰く「近代的な設備は、売店にある生ビールを注ぐマシンだけ……」。とにかく日本の地方都市の市営球場以下です。

でもさすがに古き伝統を誇る町の球団、かつてはベーブ・ルースもいた（そして彼をすぐにトレードで出してしまったことが、球団最大の失敗といわれています）という球団だけあって、満員の観客が入り試合が始まるとそれなりに風格のようなものが漂うから不思議です。

そのフェンウェイ球場の、すぐ隣りに、ボストン最大のチャーター・スクールであるボストン・ルネサンス・チャーター・スクールがかつて開校しようとしていた美術アカデミーのビルディングがあります。市の中心部・市民のシンボルともいえるレッドソックスの球場の隣りという最高の立地条件を生かしてこの地をねらったものの、開校時期とビルの借り入れの調整ができずあきらめたということです。現在その美術アカデミーの建物には、小規模なパイロットスクールである公立のフェンウェイ・スクールが入っています。

ちなみにチャーター・スクールはさまざまな既存の建物を借りて校舎に当てている場合がほとんどなので、学校の外見を見てまわるだけでもおもしろいのです。

ボストン・ルネサンス・チャーター・スクール

チャーター・スクールというのは、簡単に言えば、公費を使って経営されるけれど、様々な公的な規制を免れるという、従来の公立学校以外の学校なのです。すなわち学区に一つの公立学校という原則を超えて、親が選択できる別の「公立」学校が新しくできるというわけです。最近、日本でもあたかも学校改革の旗手のように紹介されている試みなのです。

その経営母体、すなわち誰が学校を運営するか、については、州によって規制が異なります。ここマサチューセッツ州では、一九九三年の教育改革法に基づいて初めてチャーター・スクールを認めたのですが、それらの経営母体は民間企業、私立大学、元私立学校の経営者、地域のコミュニティ、そして親の団体、と実にバラエティに富んでいます。チャーター運動が最も盛んなアリゾナ州などでは、学区の教育行政がそのまま母体となって「公立」チャーター・スクールをどんどん作れるそうで、それに比べると、この州は規制が多い方なのです。

さて、たいていチャーター・スクールというのは小規模なものが多く、一般的に巨大な学区の公立学校に比較して小さいことをメリットにしている場合が多いのです。ところが、このボストン・ルネサンス・チャーター・スクールは、プレキンダー（四歳）から八年生（一四歳）までの一二五四人の生徒を収容する、一敷地内にある学校としては全米最大のチャーター・スクールなのです。しかも驚くべきことに、ウエイティングリストは現在一〇一八人、全校生徒とほぼ同数の子どもたちが、入学を希望して待っているということになります。つまり、このあたりでは超人気学校ということになるのです。どうしてそんなに人気があるのでしょうか？

この学校の最大の特徴は、経営母体に民間企業が加わっていることです。ボストン財界人を中心として作られた非営利団体であるホーレース・マン財団と、学校カリキュラム開発と経営を手がけるエジソン社との提携のもとに、一九九四年にこの学校は設立されたのです。このエジソン社は、全米のチャーター・スクール経営に参入していて、最近、ニューヨーク市の成績下位の公立校をチャーター・スクール化しカリキュラムを一挙に請け負うことになるかどうかということで、話題になっている会社なのです。他にも、アドバンテージ社といった会社が全米展開しているのですが、これらは、いずれも低いコストで高いスコアを達成するという、能率的な学校カリキュラムおよび学校運営システムの開発会社なのです。チャーター・スクールはこれらのカリキュラム開発会社においしい、巨大な市場なのです。

親のツアーに参加したら

ハーバード大学教育学部で聴講していた「チャーター・スクール」の授業では、次から次へ様々なチャーター・スクール関係者がゲストで呼ばれて来たのですが、その中で最もうさんくさい雰囲気を発していたのがこのボストン・ルネサンス・チャーター・スクールの校長でした。人を見た目で判断してはいけないと思うのですが、どう見ても教育者というよりもお金をもうけるタイプの人でした。逆に言えば、他の小さい学校の校長たちがみな、使命感に燃える教育者タイプだったのかもしれませんが。

まあ、そんなわけで、有名なエジソン社のこの学校をぜひ詳しく知りたいと、電話をかけて見学に行きたいと申し込んだのでした。研究のための訪問、と告げたのにもかかわらず、機械的に「それでは木曜日の一〇時に来てください」との返事。超人気校のため、親の見学が絶えないので、そのための学校ツアーを毎週木曜日に設定しているようなのです。

とにかく行ってみようと、地図を確認してびっくりしたのは、その立地でした。授業で配られた資料によるとこの学校の生徒の四二%がドチェスターというボストンの南の自治体に居住しているので、学校もてっきりその近くだと思っていたのでした。ドチェスターというのは、絶対一

人で行ってはいけないといわれるこの地方の最下層地域の一つなのです。道を歩いていると撃たれる、とか、車で入って故障して止まったらおしまいだ、といううわさがあるくらいです。アメリカは全体的にそうなのですが、このへんでも階層的な棲み分けははっきりしています。道一本隔てて、ここから先は危険だから行ってはいけない、と言われるのです。だから、今度は覚悟して学校訪問しなきゃ、なんて思っていたら、地図の上で、何とその学校のあるスチュアート通りは、ボストンの中心部、劇場街にあったのでした。

行ってみてさらにびっくり、ボストン・バレエの本拠地である市最大のワング・シアターの角を曲がってしばらく行くと、一三階建ての古い城を思わせるそのビルがあったのでした。はためく星条旗と校旗、道に並ぶスクールバスの一群、正面に掲げられた大きな美しい「ボストン・ルネサンス・チャーター・パブリック・スクール」の文字。これを見ただけで、あるタイプの親はぼおーっとなってしまうでしょう。

このビルは以前マサチューセッツ大学という大学の校舎だったものなのです。何でもこの大学の経営関係者がホーレース・マン財団にも関与していて、場所を模索していた同校にこのビルを貸したということです。

この日、私と一緒にツアーに参加したのは、来年度の入学を希望する黒人の二家族でした。四歳の女の子を連れているお母さんに「お近くにお住まいですか?」と聞いたら「いいえ、でもここはボストン中からみんなバスで来ているんですよ」との返事が返ってきました。でも正確には、ボストン中からじゃなくて、ドチェスター、ロックスベリー、マットパン、ジャマイカ・プレイン、サウス・ボストンといった下層地域から来ている生徒だけで八〇%になっちゃうのですが、「どこの町から?」とはさすがに聞けませんでした。ただ二家族とも、それほど裕福ではない階層である印象は受けました。そしてここは、黒人七八%、ヒスパニック一四%、白人は六%という有色人種がほとんどの学校でもあるのです。

まるで公文＋予備校

やがて、学校訪問コーディネーターのバーンズ氏という明るい感じの白人男性が現れ、われわれに校内を案内してくれました。まず体育館で体育をする一年生くらいの子どもたちが、全員制服を着ているのに驚きました。もちろん男子はロゴ入りのポロシャツにズボン、女子は白いシャツに紺のスカートといった感じで日本と違って着崩してはいるのですが、アメリカの公立学校の自由な格好に慣れた目には奇異に映ります。ここは、「成功のための服（Dress for Success）」というポリシーを取っているということで、生徒の九九％が、制服を着ているのだそうです。

バーンズ氏は、体育館の壁に飾られた絵をしきりにほめていました。小学部の子どもたちが協力して描いたという巨大な壁画は、ルネサンスっぽい絵画や印象派や浮世絵など世界の有名な芸術を模倣して集めたようなもので、確かに上手でした。親たちも「すばらしい」と絶賛していましたが、いかにも「ここはアカデミックなのよ」という感じを受けました。

その後、彼が見せてくれた教室は、プレキンダー（四歳）のスナック・タイムと、生徒が出払ったキンダーガーテン（五歳）の教室と、四、五年生の体育館での体育の授業を外から、という結構限定されたものでした。でも親たちはまあお世辞もあるかもしれませんが「すばらしい！」を連発していました。各教室にある二台のコンピューターとか、キンダーの、数学が一日に二回もある時間割とか。

ここはエジソン社独自のカリキュラムを使っているのですが、特に言語と数学は有名なカリキュラムフレームを使っていることで知られています。言語は「全員が成功する（Success for all）カリキュラム」、数学は、「シカゴ数学カリキュラム」と呼ばれる全米規模で「高い達成をあげて人気のある」と評価されているらしいカリキュラムを用いて力を入れているのだそうです。五歳児の教室には、一から二〇〇までの数を学習する教材がはりめぐらされていました。

「うちの子どもの場合、公立学校の一年生でようやく一〇〇までの数がでてきたけれど、この内容は幼稚園では難しいんじゃないんですか？」

一の位の数が同じ数字を、二〇〇までグループに分けるという結構高度な教材が黒板にはってあったのに驚いて訊ねると

「この教室の先生は数学の主任なんですよ。新しく来た先生はこれを見て難しいと言ったりしますけれど、子どもたちは、毎日繰り返し繰り返しやっていれば学習できるんですよ」

という答えが返ってきました。

この時「ここは公文か」と感じたのでした。でも彼は「シカゴ数学カリキュラム」はいかにすばらしいか、と説明し、他の親たちは感心して聞き入っていました。

そんなこんなで結構表面的に、このツアーは終わってしまい、どうも全校向けのカフェテリアはないようだが、お昼はどこで食べるのか、などと素朴な質問する雰囲気もないので、仕方なく終わった後で、訪問の目的を述べ用意して来た質問用紙を渡しました。そこで、バーンズ氏は自分の予定をチェックしてくるから、ということで事務所の前で、私は一〇分ほど待たされることになりました。その時に感じたのですが、一階の、ここの事務所の感じは、日本の大手予備校の事務所にそっくりなのです。普通の学校や大学の事務には絶対に感じない、ある種、機械的な、

ちょっと緊張感のある感じが実によく似ています。私は、かつてアルバイトしていた某受験予備校のことを懐かしく思い出してしまったくらいです。

また待っている間に、年配の教師に付き添われて三年生くらいの黒人少年が、何か悪いことをしていかにもこれから説教されるという感じで歩いてきました。実は、ここは、校則が厳しく厳罰主義であるということでも知られている学校なのです。問題児を別の個室に隔離して問題になった、という記事も読んだ事があります。さらに障害を持った生徒にひどい対応をしていたという批判も論文で見たことがありました。でも、そんなことはこの日の訪問から窺い見る余地もありませんでした。戻って来たバーンズ氏は、ハーバードのプロジェクトと関係があるか、とかいつ帰国するのか、とか私に問い、とてもガードが固い感じで、結局質問もメールで答えてもらうことになったのでした。

子どもが幸せになるために

黒人家族と校内を歩いていて、ここの教師とすれちがった時、こんな会話がありました。

教師「お子さんはいくつですか？　まあ四歳！」

バーンズ氏「この子は九月からわが校の一員になるんですよ」

教師「何てあなたは幸せなの！　あなたのお父さんとお母さんは何てすばらしいの！」

両親　笑顔……。

これを見て、入学はくじで決まるくせにいいかげんなことを言うな、と思ったけれど(一応「公立」校なのでここはすべて抽選で入学者を決めているのです)、親たちの気持ちはよくわかりました。自分の地域から遠く離れて、ここに子どもを入学させることが、子どもにとって本当に幸福であると信じているのでしょう。幼稚園からバスで通学し、難しい数学を繰り返し習い、きびしくしつけてもらってドロップアウトすることもなく、MCAS(州の一斉学力テスト)で高い点を取り、その先、もしも奨学金を取れれば良い大学へ行く可能性だってあるのです。そして、この学校のMCASのスコアはいつも中から上なのです。まあMCASの対象教科である数学と言語に最初から特別力を入れた特別のカリキュラムを用いているので当たり前と言えば当たり前なのですが。

ただここは校舎の規模の関係で高校部がまだないということで、親たちも「高校はいつできるのか」としきりに質問していました。とにかく大学まで接続してほしいんだと思いました。

そして、経営母体に民間企業が加わっていて利潤を上げているにもかかわらず、チャーター・スクールですから、授業料は公立学校と同じで、キンダーガーテン以外基本的に無料、州の公費から負担されているのです。貧しい親にとって、同じお金で、夢のような場所で夢のような学校教育が手に入れられると思うのも無理はありません。しかも、比較して下層地域の学区の公立学校がどのような惨状にあるのか、想像はつくのです。福祉関係の仕事をしている友人は、

「ドチェスターの公立学校には安全すらないでしょう。引っ越すのは無理だけど、最低限、せめて安全な学校に行かせたいと思う親が、こういう学校を選ぶのでは」

と言っていました。でも子どもたちにとって、ルネサンス・スクールで学ぶことは本当に幸福なんでしょうか？　チャーター・スクールの話はさらに続きます。

21 地域の学校って何——チャーター・スクールその2

娘が通いなれたトンプソンスクールと別れる日が来ました。五歳でキンダーガーテンに入学してから七歳で一年生が終わるまで、ほとんど欠席しないで通った二年間の日々です。二年間学んだESLの先生ミス・アンが名残惜しそうに写真を撮っているのにくらべて、全然名残惜しそうでない娘。まあ七歳だから別れの実感がなくても仕方ないかな、とは思うのですが…。ここでの幸福な記憶が彼女のこれからの人生にとって大切なものになることは間違いないでしょう。私が、今年の「ベスト・スクール・オブ・ザ・ワールド」を選ぶとしたら、きっとこの学校に投票してしまいます。それはなぜか、挙げてみます。

ベストスクールって

まず第一に、ここは、いろいろな人種の子どもたちが実に自然に学んでいる学校なのです。

アーリントンは白人が多い町なのですが、うちの学区には低所得者向けの公共住宅があるので、五〇カ国以上から来た外国人・移民がいて、さらにハーバードとMITがある学園都市ケンブリッ

ジとも隣接しているため、外国人留学生や研究者も多い学区になっているのです。
　また、地元出身マックガーベ校長は、もともとここのコミュニティを作ったアイルランド移民が、自分たちが貧困で苦労してきたから、外国人に対して差別意識があまりなく、温かいんだ、と言っています。それが本当かどうかはさておき、もう年度終わりも近い六月、最後の大きな学校行事である、全校ファミリー・バーベキュー・パーティーで、八時を過ぎても明るいニューイングランドの美しい夕方、グランドの芝生いっぱいに走りまわる人種の違う大勢の子どもたちの姿は、私の胸を打ちました。夏休み間近で解放感にあふれ、公共アパート組のハイチのガーベン四兄弟や中国人の子どもたちがうれしそうにバスケットをする姿がひときわ目立ちます。一つ

一ドルのハンバーガーとホットドックを、手馴れた手つきで汗だくになって焼きつづけるお父さんたち、中庭の机の上には、参加者が持参した膨大なサラダと世界各国風デザートがならんでいます。それをめいめい皿に取り、さわやかな風に吹かれながらベンチでおしゃべりするのはいい気分です。そして、パーティー最後のお楽しみ、おもちゃの詰め合わせが当たるくじ引きの当選者の決定では、名前を読み上げる校長の周りに大勢の子どもたちが集まり、大騒ぎになりました。その後も音楽に合わせせダンスを続ける女の子たち、見守る親たち。アメリカにおける中の中から中の下の階層の良さや温かさ、オープンさが、ひしひしと感じられたのでした。この時に、「ベスト・スクール…」って感じたんです。

第二に、父母の組織であるＰＴＯ（日本のＰＴＡ）が、信じられないくらい活発でやたらと行事があることを挙げましょう。ほとんど団体の専従、といった感じの二名の父母が常駐し、ボランティアの父母と共に多くの行事を担っているのです。ファミリーパーティーや「文学の夕べ」など、とにかく家族全員で、学校へ行き、何か食べ、催しをやる、ということがやたらとある学校でした。それに、よくボランティアでかりだされました。それは外国人家族にとってアメリカになじむという意味でずいぶんありがたいことでした。

この前、そんなわが校でも初めての学校行事「ウオーキングデイ」が行われました。これは元グリーンピース活動家のお母さん、エリザベスが提案したもので、環境問題を考えるために一日だけ、自動車で通学するのをやめてみんなで歩いて学校へ来よう、というイベントなのです。というとたいしたことないようですが、アメリカは車社会で、わが校でも八割以上の生徒は、朝、親に車で送ってきてもらっている上、学区が広いので長距離を歩かなければならない子も出てくるので、結構大変なことなのです。最初は、放課後、エリザベスが一人で「あなたの家も参加してくれるよね」と母親たちに個人的にお願いしているような感じだったので、どうなることかと心配していたのですが、いつのまにかすっかり協力体制ができていたのです。

よく晴れた朝、子どもたちを迎えるボランティアをたのまれ早めに行った私が見たのは、たくさんの風船で飾り付けられ、のどが乾いた子どもたちのためにジューススタンドの用意も始まっている学校でした。手伝いながら、次々と地域ごとに集団登校してくる子どもたちのグループを迎えました。環境保護の横断幕を掲げて顔を上気させてくる子どもたち、中には、お父さんが先頭でクラリネットを吹きながら行進してきたチームもありました。そして最後は、やっぱりみんな中庭で校長を囲み、「今日は九九%の仲間が歩いて学校へ来ました！」という彼のあいさつに歓声をあげる子どもたち。こういった、校長を囲む子どもたち、そしてそれを見守る親たち、という実に自然な光景は、きっとアメリカで数百年の間繰り返されてきた伝統を持つ、地域の普通の学校、地域の信頼に応えた学校の姿を象徴しているのでしょう。

第三に、たぶん先生たちもいいんだろうなあ、と思います。校長が「親の所得は低いけど教師の熱意でＭＣＡＳ（州統一テスト）のスコアが高い」と自慢するのは、俗物みたいだけど、その熱意を慕って越境してくる親もいるくらいだし。また、この町の教員組合もきちんとしているようです。

　娘の先生も総じて良かったです。ただ最後の担任―学校初の黒人教師―を、たぶん娘はあまり好きになれなかったみたいです。お別れのプレゼントを渡しにいったら、抱きしめられてしまい、逃れようともがいていたので笑ってしまいました。ちなみに彼女は抱きしめるのが最大の愛情表現ときめつけている様で（要するにまじめな人です）、娘はいつも、もがいていました。でもそれでも成績は上がったし（英語に慣れたのが大きいと思うけれど）クラスメートは仲良しだし、親としてはそれで文句はないのです。

　まあ、そんな事をあげつらうよりも、広い公園の向こうに見える学校に近づいた時、校舎に一歩入ったときの、親しみやすいほっとする感じだけで、いい学校だと思えてしまうのです。そして地域の中で、放課後も、休日もいつも子どもたちがたむろしているのが、この学校をめぐる公園の辺りなのです。

　結局この学校のいいところは、ここの地域性に負うところが大きいのです。こんな私たちの住むアーリントンには、チャーター・スクールが入り込む余地はありません。

チャーターが人気を集める町は…

　アーリントンにチャーター・スクールがないように、隣り町で古くからの高級住宅地レキシントンにも、やや新興成金住宅地のベルモントにもチャーター・スクールはありません。子どもたちは普通に学区の小学校に進み、ミドル・スクールを経て、自治体に各一校ある公立高校にほぼ全員進学していくのです。カソリック・スクールなどの私立学校に進学する少数派を除いて。

すなわち、アーリントンならアーリントン・ハイスクールへ、レキシントンならレキシントン・ハイスクールへ、ベルモントなら、「雅子様」の出身校のベルモント・ハイスクールへ、誰もが入り、卒業後それぞれの進路へと進んでいくわけです。そしてその成績上位層は、例えば「雅子様」のようにハーバードなどアイビーリーグの有名大学へ入ることもできるのです。つまり日本式にいうと高校は全入の小学区制ということになるわけです。ただ、その結果、それぞれの自治体の高校は巨大なものとなっている場合が多く、全校一〇〇〇人から二〇〇〇人以上の生徒数というのはざらです。校舎も人口増と共に増築した結果、迷路の様にいりくんでいるのをよくみかけます。

それでも、小学校から高校までの学校が普通に機能している自治体に、「公立」学校として別の選択肢であるチャーター・スクールが入りこんでくることはまずないのです。それでは、どんなところにチャーター・スクールが設立されるのか、というと、この近辺では、ボストンよりの隣町であるサマビルに、人気のあるサマビル・チャーター・スクールがあります。

サマビルは、わが家から車で二〜三分という近くの町なのですが、ここに家族での居住を奨める日本人不動産屋はまずいないというくらい日本人に不人気の町です。安全でない貧困層の住む地域があることと、公立学校の質が低い（らしい）ということで有名なのです。サマビル高校の生徒は、ガンを持ってきている者がいるとか、アルコールを飲んでいる、とか、来た当初から、アーリントン界隈でささやかれていました。

サマビル・チャーター・スクール

毎年、夏になると自治体ごとのＭＣＡＳ（マサチューセッツ州統一テスト）平均点がボストングローブなどに掲載されるのですが、チャーター・スクールについては、しっかり各学校ごとの平均点が併記して公表されます。

そんな中で、自治体内で公立学校の平均点に比べ、チャーター・スクールの平均点がかなり高いのが、このサマビルの特徴なのです。ちなみに一九九九年のサマビルの各公立学校の平均点の比較資料で見ると、小学校（第四学年）では一〇校中サマビル・チャーターは第二位、中学校（第八学年）でも、七校中第二位なのですが、高校段階になると、サマビル高校が平均六五九点であるところ、チャーターは六九八点、と四〇点の差をつけて一位になるのです。もっとも高校は二校しかないから当たり前といえば当たり前なのですが。

そしてこの学校は、キンダーガーテンから高校の第一二学年まですべての学校段階をフォローし、全校生徒数約六八〇名に対して、約二三〇名（二〇〇〇年六月段階）がウエイティングリストで待っている、というかなりの人気校なのです。

人種的には、五四％が白人、二六％が黒人、一二％がヒスパニック、七％がアジア系、と、おそらくサマビル全体の人種構成と似通っています。白人も貧しい移民層が多いのが特徴です。生徒の六割以上、ウエイティングリストの八割がサマビル居住者と、まあ、自治体に密着した学校といえば、そういえないこともないのです。ただ隣接していてもアーリントンからそこへ通学する生徒は一人もいません。結局、地域の公立学校に子どもを通わせるのが不安な親たちが、この学校を選んでいる事が容易に推測できるのです。

サマビルといってもその中の貧困地域ではなく、ケンブリッジとの境の外国食品店が建ち並ぶユニオンスクエアと呼ばれる一角のそば、教会の建物など三つのビルディングを借りて、このチャーター・スクールは運営されていたのでした。そこの日本食品がたくさんある韓国食品店に、週に一度は車で買い物に行っていたのに、ずっと気づかなかったのは、教会の学校のように見えていたせいでした。

この学校は結構外部に対してガードが固くて、ハーバード教育学部の「チャーター・スクール」の授業で学生が、グループで調査に入りたいと依頼して断られたそうです。私もうまく電話が通じなかったので、直接訪問してみたら、出口はしっかりとロックされ、インターホンで要件を言わないと開けてもらえない方式になっていたのでした。でも入ってみるとさすがに人気校だけあって、一見、生徒の雰囲気に活気があって、こじんまりとした明るいイメージの学校でした。

教育ビジネスの影が…

事務に聞いてみると、その日が学期最後の日だということで、来週から、ほとんどの生徒が参加するサマースクール（夏休みの補習）が始まるので、授業見学はその時にしてほしい、事前に電話で予約を入れてほしい、と言われました。そういえば、この学校では、ＭＣＡＳの準備のために、公的な資金を受けてサマースクールをやっていることが紹介論文に書いてありました。ここは、テスト準備教育をみっちりやっていることで知られているのです。

事務で、学校の年報をもらって読んでみて、この学校の特徴が一気にわかったような気がしました。この学校は、一九九六年に地域の親たちのグループが「生徒の、カレッジでの成功の準備のために、生涯に渡る学習意欲（love of learning）を高め、責任あるシチズンシップを促進する」という教育目的のもとに設立した、とあるのですが、実は最初からサビス（ＳＡＢＩＳ）という民間教育産業と提携してできた学校だったのです。サビスとは、全世界に約二〇のインターナショナルスクールを経営し、全米に六校のチャーター・スクールを経営する、独自のカリキュラム、学校経営のノウハウを持つ多国籍企業だったのです。何と本社はアラブ首長国連邦のアブダビだそうで、チャーター・スクールの数では全米で五〜六位の大企業なのです。

そして、そのサビスカリキュラムは、英語、数学、スペイン語の「コア・カリキュラム」を中心とした、カレッジ準備教育に力点を置いたものであり、独自のテストをはじめとした頻繁なアセスメントテストがあり、さらに優秀な生徒には通常クラスの他に「集中講義」を行うという特徴でも知られているのです。学校が閉鎖的だったのはそのせいなんだろうなあ、と思ったのは言うまでもありません。要するに、子どもに「良い」教育を受けさせたい、点数を上げたい親と、お金儲けをしたい民間教育産業が結びついて、公費を使ってチャーター・スクールをやっている、と思っていただけばいいのでしょう。一方、公選されたメンバーからなるサマビル教育委員会は、営利目的のサビスの進出に反対していたそうです。また州の教育費は限られているので、チャーターに割かれる分だけ、他の公立学校のパイが小さくなることは免れないのです。

軽視される(?)地域性

もちろん、全てのチャーター・スクールがこのような営利団体と結びついているのではなく、コミュニティ・ベースの非営利団体が経営しているチャーター・スクールもほかの町にはあります。ただ、MCASの得点など対外的な成績評価や人気の面で成功していると思われるのは、独自のカリキュラム枠を持つこのような学校なのです。

アメリカでは、地域による階層の棲み分けがはっきりしているので、学校も当然、その地域性の影響をもろに受けます。階層の高い地域の学校は、MCASの点数が高い場合が多く、さらにその高得点の評価で、不動産価格が上がるとも言われます。

その一方で、地域性ということがあまりに自明なことのせいか、逆にそれを軽視してきたと思われる傾向もあるのです。一九六〇年代~一九七〇年代にかけていろいろ問題を引き起こした、バス通学による学校の人種統合運動などがそれに当たるのではないでしょうか。黒人の多い居住地から、バスで白人の多い学校へ黒人生徒を通学させ、人種的な平等を保障しようとしたこの運動は現在も一部で続けられています。現在の都市部の人気チャーター・スクールに見られる大規模な広範囲の地域からのバス通学などは、そこにルーツがあるような気がします。この国では特に階層の低い地域の「地域性」なんて、まるで価値がないもののように考えられてきたんじゃないかな、と思います。

不思議に思うのは、なぜ、全ての地域の公立学校を底上げする、せめてトンプソンスクールみたいな学校をめざす、という方向にいかないのか、ということです。そりゃあ財政的な制約は大きいのでしょうけれど。いずれにせよ、学校の地域性と「選別する」という発想は、対極にあるものなのでしょう。

だから、大阪の小学校で起きた児童殺害事件を評して「地域に開かれた学校」施策の挫折、なんて断じて言えないのです。だって試験をして入学者を選別しているエリート校が「地域に開かれて」いるわけないのだから。事件を引き起こした要因はもっと別のところにあるのでしょう。

22 夏休みの子どもたちの背後には

「ボクはスリーカウントが欲しい！」

リングサイドでの五歳くらいの男の子の絶叫に、満員とは言いかねるけれど、熱狂した一〇〇人ほどの観客がどよめきました。お約束とはいえ、押さえつけられた悪役レスラーがカウントツーで起き上がるのって、プロレスファンを熱狂させるものなのですね。

ここはマサチューセッツ州最北端にあるサリスベリー・ビーチ。ハーバードの女性事務官たちが、その名を聞いただけで顔をしかめた悪名高い場所です。今日は近所の日本人画家、山口さんが、ここでドサ回りプロレスのレフェリーのアルバイトをするというので、社会見学のために家族でついて来たのです。もちろん日本人の姿は皆無です。スターウォーズ・プロレスというその団体の本拠地はまさにここ、浜辺の崩れかけたクラブの中の特設リングなのです。何でもアメリカ北東部はプロレスがさかんで、こういったドサ回りの団体が三〇以上あり、メジャーな団体の選手もほとんどがこういったところから這い上がっていくのだとか。日本でも有名だったキラー・コワルスキーという往年の悪役がボストンで道場を作り、多くのレスラーを育てたのだそうです。

大音響のスターウォーズのテーマ曲に乗って次々登場する、レゲエを踊る怪しいレスラー、ゾンビというわかりやすい悪役、すぐみえを切るカリーという変な善玉が、鍛えた身体でぶつかりあうと、客は興奮して立ちあがり大騒ぎになります。

「こんな濃い世界があったなんて……。アメリカの奥の深さを知った」と夫。私もこんな大笑いをするのはアメリカの二年間で初めてです。

それにしても、場内には子どもの姿が目立ちます。おじいちゃんらしい人に連れられた、六～七歳の姉妹から、小学生男子たち、そしてモヒカン刈りのティーンエイジャーまで、大人と一緒に絶叫しています。客層は、太めで刺青をした人が目立つ典型的な貧しい白人層です。

「こんなのはおとなしい方だよ。この間行ったニュージャージーでは、小さな子どもが、蛍光灯を何本もガムテープで巻いて棍棒の様にしたのを、ひいきのレスラーに手渡すんだ。それを凶器にして殴るから、もう血がドロドロの試合だった。子どもがそんなの家で工作みたいに作ってるのかねえ」と山口さん。

「あの子等が大きくなって海軍や陸軍に入って、フセイン、ブーとか言って爆撃したりしてもすごく自然な感じがするよね」と夫。

子どもたちの夏休みのお楽しみは、まさに家庭の文化を色濃く反映しているようでした。

サマースクールに通う子どもたち

そのわずか前には、まるで違った夏休みを過ごしている子どもたちにも会いました。七月の四週間をＭＣＡＳ（州統一テスト）対策のサマースクール（夏季講習）で過ごしていたサマビル・チャーター・スクールの子どもたちです。チャーター・スクールは、従来の公立学校の「官僚制」を「打ち破る」制度として知られています。学校の裁量の余地が大きくなるのは、カリキュラム、教師の任免、学校財政、そして、スクール・カレンダー〔年間の日程〕などです。例えばボストン市内のあるチャーター・スクールでは、学区の公立学校より年間一一七日授業日が多いのだそうです。それで果たして夏休みがとれるのかどうかは謎につつまれています。

統一テストで高い点が取れると地元で人気のサマビル・チャーター・スクールですが、再三学校訪問を依頼して、ようやく許可が出たので見学に出かけたのでした。ちなみに、チャーター・スクールやパイロットスクールなどはどこもかなり閉鎖的で、許可が出るまで何度も電話やメールを送り、返答の電話を待ち、相当な手間をかけてようやく行けるといった感じでした。学校訪問したいと言えば、「じゃ今から来て下さい」という公立学校とは対照的なのです。おそらく、チャーター・スクールは常に短期的な行政の評価の目を気にしているからなのでしょう。それが学校の存続にダイレクトに関わるのですから。

さて、私がこの学校で見たものは、まさに日本の塾の夏季講習そのものでした。古い工場を借りた校舎に新建材で教室を作り、「MCAS対策クラス」なんて紙が張ってあり、子どもたちが詰め込まれているのは、本当に懐かしい学習塾の光景です。見学した五年生の教室では、一時間半ぶっ続けの最大公約数・最小公倍数の授業を、約二〇名の子どもたちはまるでクイズを解くようにやっていました。ここの授業は全てサビスというアブダビに本社がある多国籍教育産業のカリキュラムフレームに基づいて行われているのです。そしてそれはマサチューセッツ州のスタンダードよりも数学などにおいてかなり難しいらしいのです。また、頻繁なプレースメント・テストによって子どもの学習意欲を高めるという手法でも知られている学校なのです。

「問題を解く時は、プロセスを大切に。いい、プロセスよ。二週間後のファイナルを目指してあなたたち一〇〇パーセントが理解できるようにするのよ」

と叱咤激励する若い女性教師。そしてなぜか積極的に解いたり、早く終わって他の生徒に教えたりして活躍しているのは、主に黒人やヒスパニックの生徒たちで、つまらなそうなのは、数名の白人の生徒たちでした。全体的に低い階層の子どもたちが多いようです。チャーター・スクールに通って統一テストで高得点を取り、奨学金をもらって有名大学に行く、というのは貧しい階層の子どもたちにとって、「成功」への一つのルートになっているのです。

やっとベルが鳴って休み時間になると、隣接する工場のガレージのような狭い空き地でたむろして遊ぶ子どもたち。こんな風景も日本の学習塾的です。貧しい環境にも子どもたちは楽しみを見出しているのです。いずれにせよアメリカの子どもにとってビッグイベントである延々三カ月続く夏休みをこんな風に過ごしているなんてちょっとショックでした。

チャーター・スクールが無い町では

驚きも冷めやらぬまま、夕方、娘が通っている陸上キャンプ〔毎日通うデイキャンプです〕で会ったクラスメートの母、マーシャにその話をしました。マーシャは娘の通う学校でパートで障害児クラスの教師をしているのです。

「隣町のサマビルにはチャーター・スクールがあるけれど、うちの町にはないのは、やはり公立学校の質が高いから？　貧困地域もあるサマビルでは地元の公立学校に安心して子どもを行かせられない親たちがチャーターを選ぶのかな」と私の問いに、

「ここアーリントンや隣町のレキシントンでは、チャーター・スクールは無い代わりに、公立学

校に不満な親はホームスクーリングを選ぶのよ。それで、この辺りに結構ホームスクーリングをしている人は多いの。私立学校に行くお金が無い人たちがホームスクーリングを選ぶんでしょう。そういえば、キンダーガーテンの時同じクラスだったアンナは一年生からホームスクーリングしてるんだけど知ってた？」

とマーシャ。私は話の意外な展開に驚いたのでした。ホームスクーリングとは積極的な就学拒否です。様々な通信制のカリキュラムに基づいて家で親が勉強を教えたり、あるいは全く独自に親が計画を立てて教えたりする場合もあるのです。州によっては、それが「公教育」として認可されています。

そういえば、以前娘と放課後よく遊んだアンナは、スケート場や公園で見かけるけれど、いつの間にか学校には来なくなっていたのでした。後でやはり母親友達のエリザベスにアンナのことを聞くと、

「アンナはキンダーの時、クラスの男の子に叩かれたりして学校を嫌っていたみたいなの。一般に宗教的な理由でホームスクーリングを選ぶ家庭は多いの。でも、あそこの家はジューイッシュだけど宗教的な理由で、学校へ行かないわけではないみたいよ。もしも公立学校が嫌な場合、一般に貧しい家庭は学費を払わなくてすむチャーター・スクールを選び、やや裕福な家庭は一方の親が働かなくてもすむからホームスクーリングを選び、もっとリッチな層は私立学校を選ぶようになっているみたい」

という返事が返ってきたのでした。

ホームスクーリングは教育改革？

政策レベルでの教育改革の焦点の一つであるチャーター・スクールに通う子どもは全米で五〇〇万人、もう一つの焦点であるバウチャーを利用している生徒は六万五〇〇〇人、それに対して少なくとも八五〇万人の子どもがホームスクーリングを選択しているのに、教育改革の中で注目度が低いのはなぜか、と最近の雑誌ニューズウイークの特集に書かれていました。

ＭＩＴ（マサチューセッツ工科大学）では昨年入学を希望した二一人のホームスクーラーのうち七人を許可したそうです。でも一方で、五人の子を持つテキサスの女性が、完璧な母親を目指そうとして、子どもたちをホームスクーリングで教えていて、結局五人目の赤ちゃんを出産後に精神的に疲れて全員の子どもをバスタブに沈めてしまったという陰惨な事件も最近起こったのでした。

町の図書館の掲示板に張ってある「ホームスクーリング・トゥギャザー（ホームスクーリングしましょ！）」という団体のチラシを見ると、何だか怪しげな気配を感じるのは私だけではないでしょう。何が子どもにとってベストなのか、背後にある親の文化や思想の違いが激しく感じられるアメリカの夏休みなのでした。

23 ニューヨークテロの後で――アメリカ人の歴史認識

八月末、二年間のアメリカ滞在を終え、私たちの家族は日本に帰国しました。帰国直後、まだ家族全員が新しい生活に慣れずに混乱していたある夜、ボーイングが高層ビルに突っ込み、その後ビルが崩壊していく例のシーンを目にしました。ニューヨークはわれわれが住んでいたボストンから飛行機で約一時間半、家族で何度も訪れ、五月から夫が毎週シャトル便でボストン・ニューヨーク間を往復していた、とても身近な場所でした。このシャトル便は一時間ごとの出発で、ビジネス関係者や大学関係者がよく使う、電車感覚で飛び乗れる人気便なのです。もっともハーバードのプログラムの助教授ピーターは、いつも安い高速バスを使っていましたが。

飛行機がハイジャックされたボストン・ローガン空港は、前々から客層が良いせいかチェックが甘い空港として知られ、狙われて当然だなあ、となんだか感心してしまったくらいでした。われわれの帰国の際も、アメリカン・エアの職員は規定オーバーの手荷物を大目に見てくれたくらいです。ただ、この空港が狙われたことで、ニューイングランドの人々の、他人を信頼する人の善さが踏みにじられたような気がしました。

そして次第に、仲良くなった多くの人やその知り合いが、ひどい目に遭っているのではないか、という不安がわいてきました。ただ、私が圧倒的に感じたのは、われわれにとって素晴らしかったあの世界がもう損なわれてしまって、この世の中に存在しなくなってしまったという感覚でした。特に一九九九年から二〇〇〇年にかけてクリントン政権の最後の年、好景気のおそらく最終盤の時期は、本当に明るい雰囲気でした。でも次第に景気に影が差し、大きなスーパーがたて続けに倒産し、そしてわれわれがその国を離れた後に、訪れた惨劇でした。本当に何かが終わってしまったような気持ちになってしまいました。

イスラムの人々は今

事件後の報道を見るにつけ、アメリカで知り合ったムスリム（イスラム教徒）の人たちのことが気になりました。娘がアメリカの現地校で最初に仲良くなったパキスタン移民の子ファリーン、町のタウン・ミーティングの代表で二組の双子の母親だったインドネシア人のローザ、ご主人がパレスチナ移民の技術者だった国際結婚組のKさん一家、どんな不安な思いで過ごしているのか。私たちが住んでいたアーリントンの町ではあからさまな差別行為は無いだろうし、小学校の熱血マックガーベ校長も事件のことを嘆きながらもイスラムの子どもたちのことをかばってくれていることでしょう。しかし、彼らが日常的に冷たい視線で見られ、自分自身で萎縮しつらい気持ちになっているのではないかと心配になるのです。

「最初は日本で知り合ったアメリカ野郎と結婚したつもりだったのに、だんだんとイスラムっぽくなっていったのよね。アルコールも飲まないようになったし断食も始めたし、男尊女卑の考え方はひどいし」

とよく嘆いていたKさん。アメリカ社会の中でイスラム教徒は何かとプレッシャーを感じて次第に自分のアイデンティティを守るためにイスラム文化に回帰していく傾向があると聞きました。すぐにアメリカ文化に同化する日本人と異なり、強く固有の文化・宗教を持ち続ける彼らは、社会の中で目立ちやすい存在なのです。

ただ、それ以上に、テレビでテロの首謀者と言われるイスラム原理主義者が繰り返し放映されているのを見ると、ごく一般のアメリカ人たちは、ひたすらイスラム憎し、と煽られるだろうなあ、と思ってしまうのです。なぜ、国際社会の中で、アメリカがある人々に憎まれるようになったのか、歴史的な経緯、特に中東で起きて来たことについて、マスコミで報道されないばかりか、学校でもアメリカの青少年たちはあまり学んでいないのです。夏まで一緒に過ごしたボストン日本語学校のあの中学生たちも、きっと唐突な攻撃に憎しみを覚えこそすれ、アメリカの「自由」や「正義」が一方的に冒瀆されたと感じこそすれ、テロが起こされた背景について思いをはせることはおそらくないだろうなあ、と思います。あそこはそういう国でした。

歴史を学ばない人々

二年間過ごして、ごく一部のインテリ層以外のアメリカ人の歴史観については、そうとうあやしいものであるという印象を持ちました。そもそも学校教育で体系的に歴史を学ぶ機会があまりないのです。わが町の歴史といったトピックについて経験学習的に学ぶことはあっても、また、古代エジプトについてトピック的に学ぶことはあっても、彼らにとって流れとしての「歴史」とはアメリカ建国以来の二〇〇年ほどに限られているような印象さえ受けました。

でも夫に言わせると、そのアメリカ人を上回る歴史認識の無い人たちがいる、それはイスラエル人だというのです。彼が所属したヒューマンライツプログラムは、世界で紛争が起きている地域の人権問題を扱う研究員が多いのです。必然的に、イスラエルの法律研究者や、あるいは逆にパレスチナやアラブの人権問題の研究者、活動家などが顔を出すことになります。そこで彼が感じたのは、イスラエルという国はもしかしたらウルトラ国家主義的な国なのでは、ということだったそうです。アメリカ人の「歴史」が建国以来二〇〇年だとすると、ほとんどのイスラエル人の「歴史」観は建国後の約五〇年しかないのかもしれない、とさえ感じたそうです。正確に言えば、第二次世界大戦のホロコーストのショックとその後の建国以降しか頭の中に無くて、それ以前その地域でアラブ人がどうしていたか、などということは微塵も考えない人が多いのではないか、というのです。まあ、国を新しく建てるというのはそれ位しなければならないほど大変なことなのかもしれません。

イスラエルによって、多くの先住民が虐殺されてきたこと、さらに最近エルサレムにあるイスラムの「聖地」が汚されたことなどについて、夫がこのプログラムに関わって初めて、リアルな実感をもって知りえたことは多いのです。一般のアメリカ人のみならず、アメリカに追随している日本でも、そんな情報に接する機会は少ないのではないでしょうか。ただ、イスラエルからプログラムに来ていた、国内で最もリベラル派に属するという刑法の先生は、その息子とともに、実に細やかな優しい人物でした。ちなみにイスラエルには大半の右翼とごく少数のリベラルしか存在しない、というのが夫の感想です。帰国直後わが家に「昨日、近くの内戦で友人が殺された」というメールが来たこともありました。彼が無事であることを祈るばかりなのです。

国際結婚の友人たち

アメリカにいて最もリアルに歴史を感じたのは、子どものプレイグループをきっかけに親しく付き合った国際結婚カップルのそれぞれのルーツからでした。例えば、アルメニア移民の子、カレッジの政治哲学の先生ハンクから幾度も聞く機会を持ったアルメニアの悲惨な歴史については、初めて知ったことばかりでした。彼はトルコに虐殺されアメリカに逃げた親の世代の体験をきっかけに、ジェノサイド、大量虐殺の哲学を専門としたのです。

ハンクが日本から南京大虐殺を専門とする研究者をカレッジに招いて講演会を行い、夫が通訳を務めたことがありました。家永教科書訴訟の証言台にも立った日本人研究者の話が始まると、いつもは皮肉ばかり言っている彼が頬を紅潮させていたのが印象的でした。彼にとっては、南京事件も、奥さんの葉子さんの研究テーマである従軍慰安婦もとても身近な問題だったのです。

子どもが仲良しで親しく付き合った、中国人と日本人のハーフ、ご主人がオーストラリア人だったルルさんも、いつも自分の意見を持っている人でした。中国の近現代史を描いた「宗家の三姉妹」を回し読みして、「孫文の妻については好意的に描かれているけど本当は違うのでは」などと勝手なことを言い合っていたことが思い出されます。表面はソフトだけれど自分の要求はじわじわ通そうとするアジア女性の強さを体現したような人で、日本語学校での国際結婚家庭の子どもの入学枠を拡大する問題では、一緒に最も力強く戦ってくれたのでした。彼女のご主人は、アジア女性と結婚する白人の典型的なタイプで、とても優しい感じの人でしたが、アメリカの大企業に技術者として転職したものの、競争的な雰囲気になじめず結局オーストラリアに戻ることを決めたのでした。

「アメリカン・ドリームを信じたのがいけなかった」

最後に家族同士でテニスをした時に彼がぽつんといった言葉が忘れられません。

そして、醤油を貸し借りするようなご近所付き合いをしたアーティスト、山口さんとアイリーンのカップル。典型的なアイリッシュ・カソリックのアイリーンの実家や親戚と親しくなったのも発見がありましたが、何といっても山口さんに会って、「血族」「ファミリー」といった問題を主たるテーマにしていた小説家、山口瞳の一族「山口家」のすごさを知ってしまったのは圧巻でした。よく言えば日本のソフィスティケートされた文化、「芸」「芸術」へのこだわり、そして「田舎者」に対する辛らつさなど毒の部分も、とても日本のかたぎの生活でお目にかかれるようなものではありませんでした。公的な日本語教育を一切受けていない山口さんの「根性の無い日本人なんてアルコールの無いサケと同じです」といった、きついユニークな表現も心に残ります。

思えばあの国は、本当に様々なものを包摂し受け入れてきました。私たちの町も、ほんの数十年前にはギリシア内乱から逃れた多くのギリシア移民を受け入れ、最近でも独裁政権から逃れてきたハイチやドミニカの難民を受け入れて成り立っていました。娘はその子どもたちと一生に学校に通い学んでいたのです。

そんな他民族・異なった文化の彼らをまとめるために「善き公民」育成、正しいアメリカといった強力な公教育の枠付けが存在するのでしょう。でも基調にある多様性、多様な文化はその行き過ぎの歯止めとなり、アメリカの文化を豊かなものにしているような気がします。あの国はいい意味で本当に「いいかげんな」国でした。

24

帰国してから大変――日本の学校がこわい

学校がこわい

「日本の学校はこわい。アメリカに帰りたい」

と娘が登校途中で泣き出してしまったのは、忘れもしない九月六日、登校四日目のことでした。わが家がアメリカから帰国してから一〇日しか経っていません。思い浮かべてしまうのは、様々な登校拒否の事例のこと。もちろん、積極的に明るく就学拒否をしているご家族も知ってはいるのですが、いろいろ悩んでいる親たちもいやというほど見ているので、思わず、どうしよう、と不安な気持ちが高まります。

仕方なく一度家へ帰って話を聞いてみると、

「先生が、夏休みのできごとを一人ずつプレゼンテーションさせるというけれど、やるのがこわい」

と娘。

「じゃ、ママから先生に話してあげる」

と学校に連れて行き、玄関で教頭先生に事情を話し、何とか保健室まで一緒に行くことができました。保健の先生は優しいと評判なのです。そして、その日から約二週間、娘の保健室登校は続いたのでした。

その時の彼女は、

「給食がいや。先生がこわい。クラスに入るのがこわい。全校朝会がこわい。気持ちが悪くて水道の水が飲めない。和式のトイレが使えない。何だか全然ちがう」

といやいやの連続で毎日泣いていました。アメリカの学校と日本の学校の大きなギャップが、どっと押し寄せて来たのでしょう。

自分で選んだ学校だから

そもそも、娘の日本の小学校をどうするか、頭の痛い問題でした。五歳から二年間日本人がクラスに一人だけの学校で過ごして英語に慣れてしまい、日本の学校の感覚がまるでない娘が、嫌気がささないようなところ、さらに一応教育に関わっている私たちが、教師たちと協力してやっていけるようなところはないか、探さなければならないと思ったのです。公立学校への学校選択制度の導入については一応批判的な私たちが、自分の子どもの場合は「学校選択」を考えてしまうなんて、あまりにひどいと思うのですが、でも現状を考えるとやらずにはいられない、というのが本音です。ただし、渡米以前住んでいた、夫の実家のある地域の公立学校、という条件つきです。私たちの仕事の時間が不規則なので、夫の両親に子どもを見てもらうことが欠かせないのです。また、越境入学することには抵抗があったので、娘の学校の学区に併せて、実家のそばに住居を借りようと考えました。

以前、仕事で知り合った教員組合関係の先生たち何人かに聞いてみました。

「昔と違って教職員集団がまとまって学校づくりをしているようなところは、この区にはどこにもないから、どこを選んでも同じ。行ったところでがんばるしかない」

と冷静な返答を下さる先生。

「例えばA校はこの区の学習院と呼ばれ、行政の覚えめでたい先生がやってきて生徒をしめつけているようなタイプだから、そこだけは避けた方がいいですよ」

と詳しい情報を教えて下さる先生。幸いにA校は遠くの学校でした。

結局、実家から近い二つの小学校については「悪い」噂も無かったのでどちらかに決めようと思っていました。そんな時、娘の一言で親の「選択」なんてふっとんでしまいました。

「保育園のお友達がたくさんいるM校じゃないと、学校へ行かない」

そこは実家に一番近い学校でした。帰国後、保育園のお友達と感動的な再会をして短い夏休み最後の日々を遊びまくった彼女は、友達が行っている地域の学校に行きたがったのでした。

さて、それから一カ月以上、「今日は行きたくない」「教室にはいれない」「朝会がこわい」などと、泣いてばかりいた娘ですが、一方でなぜか、

「自分で選んだ学校だから、この学校は好き。この学校はやめたくない」と言い張りつづけたのでした。

あまりに娘が慣れないので、回りは一時真剣に、帰国子女の多い私立や国立の学校、あるいは経済的には無理だけどインターナショナルスクールに行く手もあるかも……などと考えたのですが、彼女の決意は堅かったのです。

「そんな好きな学校なのに、なぜ教室に行くのを嫌がるの?」「なんでみんなと一緒にやるのがいやなの?」と悩む親は何度も訊ねてしまいました。今思えばわかっていても入れなかったんだなあ、と思います。

フレキシブルな対応

「保健室になら入れるけれど、教室はダメ。先生が無理やり教室に連れて行ったら、次の日から学校へ行かないから」

と言っていたのが最悪の時期でした。

ちょうど私は他県で集中講義のため、数日間泊まりででかけていたのですが、毎朝、泣き声で「学校へ行きたくない」という電話が入ってほとほとまいってしまいました。

東京へもどって、夫に代わって付き添って学校へ行って見ると、娘は保健室でしっかりお友達をつくっていました。一学年上のしずかちゃん、保健室登校が長いのだそうです。聞いてみると小さい時中国に住んでいた転校生、ということでした。他にも、スペインやスイスからの帰国子女の生徒が朝の時間に訪れたりで、保健室は日本の学校に慣れない子の緊急避難所的な感じさえ漂っています。

娘はしずかちゃんにすっかりたよって、保健室で保健の先生に石鹸の作り方を習ったり工作をしたりして結構、楽しく過ごしていたようです。

ただ若くてまじめなタイプの担任の先生は娘が保健室にいることを心配して、なんとか教室に行かせようとしていました。何度も迎えに来て、時には娘が泣いていやがっていました。

「保健室登校のクセがうつるといけない」

との発言に夫が憤慨したりもしました。

後で聞くと、先生もどう対応していいかわからずに悩んでいたようです。とにかく何とか日本の学校に適応してもらおう、と一生懸命だったのでしょう。でも親の方も、子どもがあまりに先生をこわがるので、せめてしばらくは保健室でも登校してくれればいい、勉強はうちでみてもいいし……と悲観的な気持ちになっていて、この時点で先生とうまく協力関係を作ることができませんでした。

そんなとても不安な中で、アメリカでいつも彼女は、友人に頼って新しい集団に適応していったことを思いだしたのです。一年目の時は、パキスタン移民のファリーンに依存して、二年目の新しいクラスでは、韓国人留学生の娘セーラと助け合い、だんだんとアメリカ人のクラスメートにとけこんでいったのでした。

幸い、この学校では、娘の保育園時代から仲良しのキホちゃんが隣のクラスにいるのです。キホちゃんにたよれば、日本のクラス集団でも何とか慣れることができるのではないか、そう思って、先生方に相談しました。その後の学校側の対応はとても速やかで、日本の学校にしてはフレキシブルなものでした。間に立ってくださったベテラン男性教師の存在も大きかったのだと思います。

校長先生や教頭先生と私たち夫婦、校長先生と先生方の話し合い、さらに校長先生の娘への聞き取りなどを経て、翌日から、娘は隣のクラスのキホちゃんの隣りの席で授業を受けることになりました。朝も遠回りして得意のキックボードに乗ってキホちゃんの家まで行き、一緒に登校させてもらいました。それでも校門を見ると緊張して足が進みませんでした。授業も、初日は親付きで、大泣きしながらでしたが、次第に慣れていきました。

さらに娘が本来のクラスに慣れるように、学年の先生方がクラスの壁をとっぱらった授業を計画してくださって、図工や算数など、一組と二組で一緒の教室や半分ずつ入れ替えで授業を行うことになりました。たまたま運動会の直前だったので、練習なども含め合同授業にしやすかったそうです。一クラス二四名という人数の少なさも幸いして、他の子どもたちも楽しんでいたようだし、親たちにもこの企画は好評だったようです。もっともみんな何でそうなったか知らなかったと思いますが。担任の先生も、それから気を使って子どもに声をかけ配慮してくれているのが痛いほど伝わりました。

思えば娘はラッキーだったのでしょう。私が毎朝ついて行った時、学校はいつでも入りやすい雰囲気だったし、他の先生も優しい言葉をかけてくれたし、周りの子どもたちの中にも自分たちと異質のものを見るような視線は感じられませんでした。

そんなこんなで二カ月、娘は初めて朝一人で教室へ入っていくことができました。

アメリカとの違いは……

どうして彼女は日本の学校にそんなに違和感があったのでしょうか。

保健の先生は、

「普通に入学してくる子はこんなものかとボーっと感じている日本の学校の集団とか空間の質を、これまでと違うものだと敏感に感じているんでしょう。それに慣れてしまうのがいいことかわからないけれど」

とおっしゃっていました。

「算数で一〇〇マス計算を時間を測って競争するから、二分でできるようになるまで家で練習する」

「明日、漢字テストがあるから五〇回書いていかなきゃ」

「音楽のテストがあるからキーボードで練習しなきゃ」

こんな娘の発言は、アメリカにいた時は決して聞いたことがなかったのです。実際は、必ずしもそういった指示はなかった様子だったのですが、やっぱり何か周りと比べられるような雰囲気や緊張感があったのでしょう。

また、当初、先生の「出しなさい」「何々しなさい」という口調がこわいと言っていました。これも、やたらと微笑み、何でも誉め、すぐに抱きしめるアメリカの教師と比べると、みんな座って一斉に先生の指示を聞く、という日本の教師の指導のスタイルがあまりに違うからなのでしょう。

そもそも、異質な存在をフレンドリーな態度でまとめていくのがアメリカの学校・教師だとしたら、あらかじめ同質なものであることを前提に、それをさらにある種の集団に仕立て上げていくのが日本の学校・教師であるかのようです。転入当初の混乱している時、私が漠然と感じたのは「日本の学校（社会）に慣れなさい、同質になりなさい、それ以外の価値はここではマイナスでしかないのよ」、というメッセージがあるんだなあ、ということでした。でも娘が、そして私たちがアメリカで体験してきたことは決して否定的に評価するべきことではないし、もしそれを否定的にとらえてしまったら、私たちの生きていく足場が崩れてしまうと思うのです。だとしたら何とかそのようなメッセージと折り合いをつけて、距離を持ちながら生きて行くしかないのでしょう。

大人だって、戻ってきた日本の社会の中で、違和感を感じることばかりなのだから、それを理屈で説明できない子どもが大変なのは当然でしょう。私だって道ですれ違う人たちの表情がぼおーっとしているように感じられること、人間と人間の距離がとても近いのに、やたらとケータイを使っている人がいること（アメリカではほとんどケータイを見ることなく暮らしていたのです）信じられないような狭い道巾いっぱいに走り、ガレージきっちりに駐車してある車を見てめまいがしそうになること、など二カ月経った今でもなかなか慣れることができないのです。

いつか帰る日を

ハーバード大学があるケンブリッジからマサチューセッツ・アベニューという大通りを郊外に向かうと、私たちの住んでいたアーリントン町に入り、ちょっと田舎っぽい町並みにいつもほっとするような気持ちを味わったものでした。道沿いの商店街、古い映画館、イタリア系のおいしいベーカリー、インド人の経営するコンビニエンス・ストア、そして高い木々に囲まれた通りの家々。グランドと広い芝生の向こうに見える私たちのトンプソン小学校、いつも掲げられていた星条旗。その星条旗は、日本での重たい「国旗」問題に慣れた私たちから見ると、あたかも車についているフォードのマークのような、単なる商標といった感じで、いつも明るく軽やかにはためいていました。でもそれが持つ意味は、今はもう違ってしまっているのでしょう。

たった二年でしたが、私たち家族は、そこを単に「通過」しただけでなく、あまりに慣れて、あまりに「生活」してしまったので、今、喪失感が大きいのかもしれません。娘が思い出し行きたがるのは、手作りのピーナッツバターカップが買える古いチョコレートショップ、ボストン・バレエ恒例の冬のナッツ・クラッカー、そしてアーリントン高校で行われる町の子ども陸上大会です。でも、今は「戦争が終わってから」と言っています。これから来るかもしれない暗い時代を前に、あの世紀末のアメリカの鮮やかな思い出を大切にして、いつかもう一度訪れる日、あの光景が復活する日を心待ちにして、今ここにいてしなければならないことをして生きていこう、と思うのです。

あとがき

ずっと前から「記号としてのネクタイ」はごめんだと思っていました。ネクタイって素敵なのを似合う人が締めると、胸元が華やいで色っぽくて素敵です。本来ネクタイってそういう装飾のものだったのでしょう。でも多くの人はごく無難なものをしているか、それをするのが社会の決まりだから、お約束だからしてる、という感じに見えるのです。それを心の中で「記号としてのネクタイ」と呼んでイヤだなーと思っていました。そのものの本質的な良さが消えて形骸だけになっているようで。でもそんなことを言いつつ、センスのない私はいまだかつて男の人のためにネクタイを選んだことがありません。

同じように「記号としての女」というのも限りなく避けたいものでした。だからあまり大声では言えませんが私にとっては「母」とか「主婦」という範疇でくくられるのは避けたいことだったのです。それらは「女」と反するような気がして。

そして、二年ぶりに日本に帰って、何だかこの国には「記号としての人間」があふれていて、下手をすると自分もそうなってしまいそうな気がしました。アメリカで暮らしてみて、いつも自分のアイデンティティを確認しつつ、他者とコミュニケーションしながら社会に参加し、変革して行こうとする存在、そんなのがホントの人間って気がしてしまったのです（もっともそんなことを感じたのはアメリカでも例外的に恵まれた時期に、恵まれた場所にいたからなのでしょう。ナショナリズムがあふれる今、それと異なった雰囲気のハーバード大学周辺は「ケンブリッジ共和国」と呼ばれているそうですから)。日本で、アイデンティティとか、まして「社会を変革」なんてこだわるのはしんどいことです。ややもすれば逃げたくなる私に、夫は、「この社会に責任を負うということもあるし、やることをやらなくては……」と言います。まあ今はきっとそうするしかないんでしょう。でもいつかあの世界へ行きたい気持ちは変わりません。

「ベストスクール」というタイトルは花伝社の平田勝さんがつけてくださいました。ただただストレス解消のために毎月、月刊誌『母と子』(一九九九年一一月~二〇〇一年一一月)に送りつづけた原稿ですが、そう言われてみると、「青い鳥」みたいに、ベストスクールを求めていろいろなタイプのいろいろな学校を捜し求めたけれど、結局、本物は自分の住む地域の公立小学校だった、という話にもなりそうです。でもトンプソン小学校も「ベスト」なんですが、私にとってその原型は一九八〇年代後半、大学院生だった時に訪ねた、京都の奥丹後や東京の下町のいくつかの学校です。あの、地域からの信頼に応え光り輝いていた日本の公立学校、そしてそこのすばらしい教師たちです。その後様々な攻撃や変化のもとで失われてしまったものは多いのかもしれませんが、その価値は永遠に消えないでしょう。

長い間勝手に連載させて下さった母と子社の平湯紘一さん、最初のうち「母と子社」にメール原稿をファックスして下さった中田康彦さん、出版を勧めて下さった蔵原清人先生、出版についてアドバイスを頂いた大学院の指導教官の牧柾名先生、ありがとうございました。そして、組織や学歴にとらわれない「日本人」のすばらしさを教えてくれたアーリントンの山口俊介さん、素晴らしいイラストを描いていただき、うれしく思っています。息子の太陽君は今五歳、ずいぶん日本語ができるようになったというし、何よりあれから日本語学校は彼のような国際結婚家庭の子どもに門戸を広げたようです。

最後に、二年間のアメリカ生活にきめ細やかなケアをしてくれたハーバードロースクールのヒューマンライツプログラム、およびフルブライト・日米教育委員会と、様々な面で本当に支えてくれた私たちの双方の両親に感謝の気持ちを送りたいと思います。

山本由美（やまもと　ゆみ）

1959年　長野県生まれ
1983年　横浜国立大学教育学部卒
1992年　東京大学大学院教育学研究科博士課程修了
都留文科大学等で非常勤講師の後、夫のハーバード大学（ロースクール）留学にともなって、1999年8月から2年間、家族でアメリカ・マサチューセッツ州に住む。その間、ボストン日本語学校中学部教員を勤め、ハーバード大学教育学部で聴講。
帰国後、工学院大学等で非常勤講師
専攻　教育行政学

ベストスクール――アメリカの教育は、いま――

2002年4月25日　初版第1刷発行

著者 ――山本由美
発行者 ―平田　勝
発行 ――花伝社
発売 ――共栄書房
〒101-0065　東京都千代田区西神田2-7-6 川合ビル
電話　03-3263-3813
FAX　03-3239-8272
E-mail　kadensha@muf.biglobe.ne.jp
http://www1.biz.biglobe.ne.jp/ ~kadensha
振替 ――00140-6-59661
装幀 ――渡辺美智子
イラスト―山口俊介
印刷 ――中央精版印刷株式会社

ISBN4-7634-0384-2 C0037

花伝社の本

国連子どもの権利委員会への市民NGO報告書
“豊かな国”日本社会における子ども期の喪失
子どもの権利条約　市民・NGO報告書をつくる会
定価（本体2500円＋税）

●「自己喪失」——危機にたつ日本の子どもたち
子どもの権利条約は生かせるか。政府報告書に対する草の根からの実態報告と提言。
市民・NGOがまとめた子どもたちの本当の姿。情報の宝庫、資料の集大成、子ども問題解決の処方箋。この報告書なくして子ども問題は語れない！

国連・子どもの権利委員会最終所見の実現を
子ども期の回復
—子どもの“ことば”をうばわない関係を求めて—
子どもの権利を守る国連NGO・DCI日本支部　編
定価（本体2095円＋税）

●子どもの最善の利益とはなにか
自分の存在をありのままに受け入れてもらえる居場所を喪失した日本の子どもたち。「豊かな国」日本で、なぜ、学級崩壊、いじめ、登校拒否などのさまざまな現象が生じているか。先進国日本における子ども問題を解くカギは？
子ども期の喪失から回復へ。

子どもの心
石田一宏
定価（本体1165円＋税）

●危機の「子ども時代」に——診察室からのメッセージ。子どもの心が見えていますか。激変する子どもたちの環境、子どもたちの心の危機。「子ども時代」の喪失は、未来のおとなの危機なのです。具体的な悩みに答えます。子どもの心とは／親が姿勢をかえる／登校拒否児の心／家庭内暴力を考える

はみだし教師のアフリカ体験
—ザンビア・日本・ＯＤＡ—
池澤佳菜子
定価（本体1500円＋税）

●はみだし教師のザンビアびっくり体験！
青年海外協力隊員として見た、ザンビアの人々、風景、息吹。そして外から見た「日本人社会」と日本の教育と子どもたち……。アフリカをもっと知りたい人へ、ＯＤＡ、青年海外協力隊、国際ボランティア活動に興味ある方へ。

こんなふうに生きている
—東大生が出会った人々—
川人博・監修
東大教養学部「法と社会と人権ゼミ」出版委員会　編
定価（本体1980円＋税）

●社会に対してこんなスタンスで生きている
心にひびくインタビュー39
君たちへ／フィールドワークで出会った人々／先輩たちに聞く
鳥越俊太郎・山田洋次・池上彰・佐高信・江川紹子・折口雅博・辛淑玉・福原義春ほか

さまよえるアフガニスタン
鈴木雅明
定価（本体1800円＋税）

●アフガニスタンはどんな国
厳しい自然環境と苦難の歴史をしぶとく生きてきたアフガンの人びと。混迷の出口はあるか。現地のなまなましい取材体験をもとに、知られざる国・アフガニスタンの謎を解く。著者は、読売新聞気記者。